深圳职业技术学院出版基金资助出版

日资企业就业指导

走进日企

主　编◎杨玉春
编　者◎韩　勇
　　　　文　婧
　　　　李　艳

上海交通大学出版社
SHANGHAI JIAO TONG UNIVERSITY PRESS

内容提要

本书分为"企业文化篇""企业常识篇""企业用语篇""商务礼仪篇""企业实战篇"五大部分,共33个主题,介绍了日本企业的组织构成、行为模式、文化特点、日企礼仪以及日企文书的写法等等,目的是帮助读者了解日本公司的企业文化。本书可供大中专院校日语专业学生阅读,也可供日企新员工或意欲进入日企的人士阅读。

图书在版编目(CIP)数据

走进日企 / 杨玉春主编. —上海:上海交通大学出版社,2017
ISBN 978 - 7 - 313 - 17785 - 8

Ⅰ.①走… Ⅱ.①杨… Ⅲ.①外资公司-就业-高等职业教育-教材 Ⅳ.①C913.2②F276.6

中国版本图书馆 CIP 数据核字(2017)第 222071 号

走进日企

主　编:	杨玉春			
出版发行:	上海交通大学出版社	地　　址:	上海市番禺路 951 号	
邮政编码:	200030	电　　话:	021 - 64071208	
出 版 人:	谈　毅			
印　刷:	常熟市文化印刷有限公司	经　　销:	全国新华书店	
开　本:	787mm×1092mm　1/16	印　　张:	9.5	
字　数:	227 千字			
版　次:	2017 年 9 月第 1 版	印　　次:	2017 年 9 月第 1 次印刷	
书　号:	ISBN 978 - 7 - 313 - 17785　8/C			
定　价:	38.00 元			

版权所有　侵权必究
告 读 者: 如发现本书有印装质量问题请与印刷厂质量科联系
联系电话: 0512 - 52219025

前　言

本书为日企员工和准备进入日企的新人编写。目前关于日语知识、商务日语等方面的书籍较多,而有关日本企业文化方面的书籍甚少,为了满足广大学习者的需要,我们编写了此书。

中日两国政治、经济、文化等各个领域交往频繁,日资企业、商社、金融机构等在华投资众多,日本已成为中国非常重要的贸易伙伴,为此需要更多的了解日本企业文化的人才。刚刚走入社会的毕业生或准备进入日本公司的新人,将面临很多困难和挑战。在与日方沟通中,如何避免不必要的误解和冲突,如何在日企生存并能得到发展,是我们必须面对和思考的问题。

本书分为"企业文化篇""企业常识篇""企业用语篇""商务礼仪篇""企业实战篇"五大部分,共37个主题。这是作为"社会人"(日语中指步入社会开始工作的人)必须要了解的基础知识。书中列举了诸如怎样与前辈、上司、同事相处,如何防止工作失误,以及如何成长为合格的公司员工等内容,供大家参考。每部分都会有一些日语表述或日语词汇,对于有一定日语基础的学习者来说,在学习日企文化的同时,也可掌握一些日语方面的表达。对于没有日语基础的学习者来说也不影响其对知识的理解和掌握。

本书是由在日企工作多年、有着丰富工作经验的人员编写而成。内容力求贴近实际工作,突出实用性,可作为大中专院校日语专业学生使用,也可供日企工作人员使用。希望本书能够对您有所帮助,在事业上取得更大进步。

编者在总结旧版使用经验和听取使用者意见的基础上重新改版编写了本书,由于水平和经验有限,书中存在的错误和不妥之处,敬请专家和读者批评指正。

本书由深圳职业技术学院出版基金资助出版。

目　录

第一章　企业文化篇
——企業文化

企業文化:従業員の活動を左右する組織内に共有された価値、規範、行動様式。企業文化は、国や社会の文化の影響を受けるが、マネジャー（管理者）によって創造や変容されもする。企業文化は、職場において従業員の態度や思考に重要な影響を与える。また、脈々と受け継がれ、社内の人たちだけでなく社外の人たちにもそれとわかるもの、そしてその会社の個性として社会が認知しているものである。

众所周知,管理很复杂,为什么呢?因为管理的对象是人,人是很复杂的,俗话说:"人心隔肚皮",有的人是滴水之恩、涌泉相报,但有的人则是不知回报,有的言必行、行必果,但有的人则是言不由衷、心口不一。你一直器重、努力培养的干将,明天就可能不辞而别,跑到竞争对于那里,打你个措手不及。高明的企业管理者,必须具备高超的领导技能,也就是把"人"管好。但怎么才能管好这么"复杂"的人呢?

要解决这个问题,要明白一个员工为什么想在一家公司工作,主要因素有两个:首先是感性因素,他感觉这家企业有前途,人际关系很好,氛围融洽,待着舒服;其次是理性因素,他能在这家企业得到想得到的东西,包括薪酬、福利、培训机会、发展空间等等。前者要靠企业文化,企业用这些软要素来激励和凝聚员工的"心",后者就要靠人力资源管理,包括薪酬、考核、任免等制度和机制,让员工感觉在这里有前途,能够实现自己的个人目标和价值,其实还是企业文化的一个方面,服务于前者。

企业文化作为一种理论提出,始于20世纪70年代末80年代初。二次世界大战后,日本经济迅速崛起,令世人刮目相看。究其原因,当然少不了美国等国的大力扶持,但是其他也同样受到帮助的国家为什么没有出现日本这样的经济奇迹呢?于

是,一些管理学家对日本企业的管理进行了研究,发现日本企业管理的一些独特之处,特别是企业员工的价值观。通过进一步研究,发现日企管理方法背后存在着深厚的文化底蕴。于是,企业文化被明确地提了出来,并越来越受到世界管理界的重视。

那么,究竟日本的企业文化有哪些呢?我们在这一部分将与大家共同来探讨。

一、终身雇佣制
——終身雇用

> 終身雇用とは、学校を卒業してから1つの企業に就職し、その企業で定年まで雇用され続けるということである。終身雇用、年功賃金、企業別組合というのは日本経営の「3種の神器」と言われる。

所谓终身雇佣制,就是企业每年定期从学校的应届毕业生中招收一定数量的职员,录用后不断进行技能训练,除非劳动者的个人责任(如疾病、不能胜任工作或自动辞职等),或者企业实在无法经营下去,企业一般不辞退员工,一直雇佣到员工退休为止。

终身雇佣制是日本企业人事制度的核心部分。尽管这种制度不是国家法律规定的,但它却已经成为贯穿于日本公司员工整个生活与工作过程的纲领。同时也是日本企业与欧美企业区别最为显著的地方。

终身雇佣制的起源

这种终身雇佣制度的起源可以追溯到明治时代末期大正时代初。当时的大企业和官营企业为了防止熟练工人的流失开始导入定期加薪制度、退休金制度以及重视年功序列的雇佣制度。后来,日本政府还制定了专门的法律(解雇権濫用の法理)来保护它,这样一来,终身雇佣制逐渐扎下根来。

终身雇佣制的优点

日本的终身雇佣制既保证了公司在劳动力市场短缺时保持充足的熟练工人,又保证了职员在经济不景气时不至于被解雇,从而保证就业稳定和家庭赖以生存的经济来源,创造出就业人员对企业的强烈的忠诚心和低流动率;反过来,职员的低流动率不仅为企业降低了劳动力训练成本,企业可以放心地把各种信息,甚至是商业机密告诉员工,并且可以

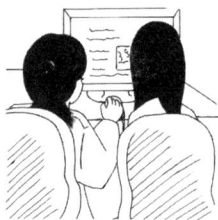

让员工献计献策,在促进企业经营的同时又激发了公司员工对企业的忠诚心,这无疑是实现企业高速增长的巨大精神动力。它在日本近代产业化过程中曾经有力地推动了日本经济的高速增长。也正因为此,它被誉为日本企业经营"三大神器"之首。

终身雇佣制的海外困境

随着日本企业的海外转移,终身雇佣的经营传统也被带到了它海外的工厂,中国自然也不例外。但是,在华的日资企业在进入中国的初期阶段有的却碰了个头破血流,他们苦心栽培的中高层领导人以及想尽办法到各大高校招来的大学毕业生往往工作不到几年时间就纷纷"孔雀东南飞"。个中原委一言难尽,但是,其主要原因还在于日本企业的终身雇佣的就业制度以及年功序列的薪酬制度,它与中国人的思想意识以及价值取向相去甚远。

中国人的就职观念

中国人在行为上较重视亲属集团和家庭生活,具有较强的家族观念和乡党意识、对家庭有较强的责任感和牺牲精神,但是,在亲属集团以外则"自我"意识比较浓,信奉"人往高处走,水往低处流","人挪活,树挪死"。追求自身价值的实现和收益的最大化被认为是天经地义的事情。同时,随着"大锅饭"式的集体制的解体,中国人不再认为某家企业是自己可以托付终身的命运共同体,并不认为自己会一辈子待在同一家公司里。当他们认为某个集体不适合自己的时候,他们会毫不犹豫地选择"跳槽",另谋高就。

日本国内终身雇佣制面临的挑战

自1991年日本泡沫经济崩溃以来,日本国内的终身雇佣也受到了很大的冲击。为了降低公司的人资成本,日本企业不得不开始裁员(リストラー)、雇佣"外派人员"。2000年,日本大学毕业生的就业签约率达到日本历史上最低水平,而另外一方面,自从1986年日本开始实施《劳动者派遣法》,2004年开始实施修正的派遣法以来,日本的派遣员人数不断增加,派遣的工作范围不断扩大。到2005年,日本的派遣市场规模已经突破了4万亿日元。到2007年,外派人员的人数已经达到300多万人。

但是,这并不代表日本的终身雇佣制的解体。首先,在公司内部,公司职员(社員と呼ぶ)与外派人员(派遣と呼ぶ)存在着不可跨越的鸿沟。公司职员可以对外派人员颐指气使,指使他们干一些诸如端茶倒水、买盒饭之类的杂事。外派人员的工资以小时计算,没有奖金,享受不到公司的福利,每个月的工资只是公司正式职员的三分之一甚至更少。其次,外派人员与公司的合同三个月更新一次,外派人员的工作不稳定,而且工作环境非常严峻,公司可以因为一个莫须有的借口随意开除外派人员。在当今的日本社会,虽然外派人员已经成日本社会

不可缺少的力量，但是现实生活当中，要做到公平对待公司的正式职员与外派人员，恐怕还有很长的一段路要走。

总而言之，在可以预见的将来，终身雇佣制作为日本企业的一种雇佣制度，还是有一定的合理性，依然会得到政府、企业和工会的重视。但是，它的适用范围将会缩小，企业将会在更大程度上使用临时工、短工、外派人员等企业外的劳动力资源。如何建立和确保员工长期稳定的就业和人才合理流动的新体制，如何创设新的就业机会和改革，为事业工人提供安全保障的就业保险体系，将是日本雇佣制度的重要课题。

近年来，随着日本企业本土化进程的发展、日本企业对中国认识的增长和了解的加深，很多在华日资企业对他们终身雇佣的经营传统进行了改革。但是，相比于欧美企业而言，日本企业开除员工、解雇员工的现象还是非常少的。所以，日本企业相对而言素有"工作稳定"的美誉。

二、年功序列制
——年功序列

> 年功序列とは、日本の企業などにおいて勤続年数、年齢などに応じて役職や賃金を上昇させる人事制度・慣習のことをいう。労働者を定年まで雇用し続ける終身雇用、企業別労働組合と並んで日本型雇用の典型的なシステムである。

年功序列制的一个层面是指日本企业的劳动报酬制度。根据职工的学历和工龄长短确定其工资水平。工龄越长，工资也就越高，职务晋升的可能性也越大。如果学历、能力和贡献不相上下，工龄就是决定职务晋升的重要依据。一个职员到公司就职后，从单身时代的低工资开始起步，随着经验和工龄的累积、职务地位的上升，工资也随着增长，从而在企业里形成一个金字塔形的组织结构。

二战以后，特别是20世纪50年代到70年代初，日本的实际国民生产总值以年均10%左右的速度递增，劳动力的再生产远远赶不上物质再生产迅速扩大的需要。劳动力不足、人才紧缺成为当时日本企业面临的最大问题，而且劳动力供给不足的状况很难在短期内转变。在这种背景下，企业为了稳定熟练工人队伍，防止技术骨干被别的企业"挖走"，普遍实行了年功序列的劳动报酬制度。

年功序列的劳动报酬制度满足了员工的消费支出随着家庭周期的变化而不断提高的需求,随着年龄的增长,职工带薪休假的天数、退休金等各种福利待遇也随之增长。一般来说,日本企业员工工资的确定还要适当考虑其家庭成员的构成、家属的生活需要等因素,以尽可能解除员工的后顾之忧。日本的这种年功序列制是与日本的终身雇佣的就业制度相配套的。其前提是终身雇佣,是对终身在企业工作的职员的回报,增强了企业对员工的吸引力,从而使终身雇佣的就业制度更加稳定。

年功序列的劳动报酬制度的优点

(1)可以防止过度竞争。不同年龄层职工之间的关系比较融洽,同年龄层之间的工资差别很小,有利于维护公司的团队精神。

(2)在起点工资确定之后,工资随着年龄逐渐上升,职工有一种稳定感,工作的心理压力不大,能力能得到正常发挥。

(3)企业进行人事调动时,年功序列的劳动报酬制度是一种适应性较强的工资体系,因而有利于企业内人才的相互流动。

年功序列的劳动报酬制度的缺陷

首先,年功序列的劳动报酬制度取决于年龄与工龄等要素,不太讲求能力或职能要素,不利于人才潜能的发挥,缺乏激励性。它容易使企业缺乏活力,产生"吃大锅饭"的现象。

其次,年功序列的劳动报酬制度包含要素过于庞杂,不仅要推动职员工作,还要照顾员工的住宅与家属方面的收入要求,因而在工资体系中往往设定种种名义的津贴或间接性的给付,造成家庭与工作不分的局面,忽略了工资的本质定义。

为了克服这种弊端,已经有很多日本企业开始引入以能力、成绩定薪资的报酬体系,并大量减少中层管理人员,使得以往金字塔的组织结构更加扁平化、效率化。

现今在中国的日资企业基本上采用的是年功序列的劳动报酬制度,当然也有一些开明的日资企业采取了欧美企业所奉行的能力主义、按劳取酬的劳动报酬制度,而更多的是采取两者相结合的报酬制度。

年功序列制的另层含义

年功序列制的另一个层面是指日本集团内部的等级结构,日本企业常常由严格的上下关系构成,等级分明,且每一个人"各安其分,各得其所"。

日本有名的社会学家中根千枝在她的"纵式社会"理论中提出,日本社会由"场所型"的集团组成,这种集团的成员通过"纵式"关系凝聚在一起,集团成员根据某种标准"链条式"排列,明确分出序列(等级)。

日本式的集团是一种等级式的集团,集团内具有明显的序列划分。比如,同是一个大学的教授,根据毕业学校、年龄、晋升教授时间的不同而排出序列,并且依据这个序列在语言和行为方式上有所不同。总之,在资格和身份相同的人之间,同样存在着以序列划分的差别意识。而且,每一个集团成员对划分序列的关心程度,远远超过他们对工种、身份和职务等的确定。

脱离了等级观念,日本的社会生活便会无章可循,因为等级就是日本社会生活的规范。日本人居室中的传统摆设形式,就很清楚地反映出这种等级差别。最高的座位总是居中,背后是壁龛,布置着彩饰和花卉,最低的座位最靠近房门。无论举行何种性质的集会,与会者各自谦让一番后,最终总是按最恰当的等级次序入席。地位、年龄、名望、性别等等都必须参照。所以日本社会特别注重席次,关于席次位置我们将在后面的章节中讨论到。

在日本企业内部平时的工作、生活中,上下级之间则表现为无条件地服从。

三、企业福利
——企業福祉

> 企業が福祉に関与する方式には2つの種類がある。それは法定福利厚生費(社会保険料の企業主負担)と非法定福利厚生費(企業内福祉)のことである。
> 日本では企業(特に大企業)が社員にとてもよい企業内福祉を提供している。たとえば、社宅などの提供、企業年金制度、退職金制度など、社員の福祉充実を図ってきた。

日本企业本身设置的福利内容非常之繁多,大致可分为以下几点:

（1）住宅
（2）医疗、保健
（3）庆吊、互助、保险
（4）文化、体育、休养、娱乐

从内容上我们就可以看出,日本的企业内福利几乎囊括了个人日常生活的方方面面,即便不与外界接触个人也可照样生活下去,所以也有人将日本的企业内福利称为家族式的福利制度。

日本的企业每年组织一次或几次全体员工或全体职员的旅游,很多公司甚至还组织运动会,有的公

司在每个员工生日的时候会送上一份纪念品,让每一位员工感受到集体的温暖,以此来增进同事之间的感情,培养公司员工的集体主义精神。

中国的日资企业的福利

在保险方面,基本上每个在华的日本企业都能做到遵纪守法,按照政府的要求给每位正式员工购买保险。有的甚至超出政府要求为员工购买更高比例的保险。

在医疗保健方面,很多在华日资企业(制造业)都建有自己公司的医务室,工人生病能得到及时的医治。

在住宅方面,在华日资企业一般都建有公司的宿舍,或是租借宿舍楼给工人。一般是按照职务级别发放住房补贴。

日本企业的种种福利制度充分体现了日本企业的人性化管理,也为日本企业获得了"人心"。让公司员工在企业里找到"家"的感觉,从而更加忠诚地为这个"家"服务。

四、集团主义
——集団主義 (しゅうだんしゅぎ)

> 集団主義とは、個人よりも集団に価値を置く思想、あるいは自分の利害よりも自分の属する集団の利益を優先する価値観のことである。
>
> 日本人は基本的に集団主義で、何かにつけて他人と一緒でないと嫌がる民族であるといわれている。

有一位日本学者曾经把日本人比作一群鱼,秩序井然地朝着一个方向游动,直到一块石子投入水中,打乱了这个队列,它们就四散逃去,但转眼间又恢复原状,秩序井然地成群游动。这个比喻形象而生动地描绘了日本人高度的集团指向性。

日本人对所属集团的献身精神是世人皆知的。即使是在提倡个性发展的今天,日本的工厂、公司、研究所等都有一条不成文的规矩:下班后领导不走,任何人不得下班。所以很多企业的工作时间实际上都超过了8小时,日本人对此毫无怨言,而且认为是理所当然的事情。许多人更是在节假日无报酬地加班加点,为此还被称"誉"为"工作狂"(働き蜂(はたらきばち)、仕事の鬼(おに)),日本社会每年都有不少人因为过度劳累而死(日语称之为「過労(かろう)死(し)」)。

集团主义的积极意义

日本企业的"终身雇佣""年功序列"以及家族式的福利制度都根源于集团主义的思想意识,反过来又促进了企业员工对企业的"忠诚"与奉献,使集团主义意识得到进一步强化。"终身雇佣"保证了工人一旦被录用,他的全部生活就可以被融入公司的整体中。"年功序列"使员工地位能够得到稳步提升,工资待遇也相应逐渐提高。家族式的福利制度则满足了公司供养其成员的全部社会需求。员工在这个集体中有足够的安全感。员工只要为工作尽职尽责,他的大部分需要都会得到满足。大多数、有时甚至是全部问题都可以通过公司来解决。所以员工个人愿意以近乎疯狂的热情加倍工作以献身于集团来回报企业。

集团主义的表现

在日本集团内部成员高度协调一致。大家行为统一,众口一致。他们为了追求和谐,往往不明确说"是"与"不是"。这一点在日语的表达中体现得淋漓尽致。在该明确表态时,日本人往往不说「いいえ」(不),却说「考えさせていただきます」(请让我考虑一下)。前面一节我们已经说过在日本企业里,在平时的工作、生活中,上下级之间表现为无条件地服从。下属一般都小心翼翼地竭力避免同上司发生公开的对立。其原因就在于他们害怕会伤害上司的感情,害怕破坏集团的和谐与秩序,更害怕被作为不受欢迎的人逐出集团,所以有时候即使明明知道上司所说的话、所做出的决定是错误的,内心持反对意见,也不敢说出来。日资企业的领导人最不能理解的是某些人遇事推诿、推卸责任的工作态度。高度集团主义思想熏陶下的日本人认为,作为公司的一员,就应该为公司的繁荣和发展尽自己最大的努力,在个人与公司的利益中,公司的利益是至上的。公司的事情就是自己的事情,出了问题不管是哪个环节那个部门的责任,自己都要全力以赴。至于那些上班时间干私活、挪用公司财物的现象更是不能容忍的。

日本人这种高度的集团主义精神是令全世界人佩服和称道的,也是日本经济高速发展的动力和源泉之所在,有可供我们借鉴之处。

集团主义产生的根源

日本人强烈的集团主义意识以及由此而产生的对集团的高度无私的奉献精神是与日本

的自然地理环境、生活习俗、村落共同体以及家族制度等分不开的。

首先,日本传统的集团主义与日本的生产、生活条件紧密相关。

日本是一个岛国,山脉纵横交错,耕地面积较少,山脉、河流、大海将日本分成了许多面积狭小的区域,在交通不发达的古代,这些区域基本上是与世隔绝的,日本人在这里世代繁衍生息,形成相对封闭、集中的村落。这种独特的地理环境是日本地域性共同体形成的先决条件。日本自然灾害较多。台风、地震、火山、海啸随时会给人们的生命财产造成威胁,在生产力和科学技术落后的情况下,只有团结协作才能战胜自然灾害,得到生存,这就使得非血缘性协作成为必要。日本人有句有名的俗语"没有亲戚死不了,没有邻居活不成",就是这种地域性共同体意识的明确概括。

其次,日本人的集团主义与其农业社会时代的"村落共同体"有着深远的联系。

在中世纪的农业时代,个体村民只有依靠集体的力量才能对付经常"光顾"的自然灾害和应付紧急事件,那时的集体就是村落共同体,也是生产共同体,脱离这个集体也就意味着死亡。日本的村落里有一个"村八分(むらはちぶ)"的传统,一般人是非常害怕受到这种处罚的。所谓"村八分"指的就是"十种交往,八分制裁"。十种交往指的是:生孩子、成人仪式、结婚、探望病人、葬礼、法事、火灾、水灾、远行、普清(盖房子)时的交往、礼尚往来。一个村民遇到这些事情的时候,全村的人都会来帮忙。所谓的八分,意思是一旦某位村民"不肖",做出了违反村落集体利益的事情,其人及家庭就会被村民断绝除火灾和葬礼之外的八种交往。也就是意味着被全村的人断绝交往。这在当时意味着其个体及家庭难以继续生存。这种传统以不同的面貌和方式渗入社会的各个层面,使得日本人依赖群体、恐惧孤独、害怕孤立,成为日本集体主义意识和思想得以产生和发展的重要因素。

另外,日本传统的集团主义的形成也与日本独特的"地缘"意识有关。

古代日本家族制度不发达,19世纪中叶以前,只有贵族和武士家族可以使用姓氏,为个人提供身份的是他所属的领主、"藩",而非家族。所以,日本人没有祭祀远祖的习惯,大型的祭祀活动是对同一氏族神的崇拜。氏族神被视为一个大群落或氏族群体的保护神,人们相信氏族神能镇守整个地域,保护自己的生活。村民们集中在一起,无须证明他们同出一祖,他们被称作该神社祭神的"孩子",之所以如此称呼,是因为他们住在这位祭神的封地上。无论地位如何,有无族谱姓氏,有无血缘关系,都可以参加祭祀神社活动。这种集体活动增强了地域共同体的凝聚力,强化了人们互助互利、共同生产的生活行为。虽然地缘共同体不是以血缘关系为纽带建立的,但日本人却试图把它看成自己的"家"(いえ),且"家"的意识更重于血缘意识,在"家族"内部的亲疏关系和个人地位也并非根据血缘关系确定,指定家庭继承人时,最先考虑的不是出身,而是个人的能力和成就,看继任者是否有利于"家族"的延续和发展。

在这种传统下，每个人都必须把大"家"的利益置于个人利益之上，视集团的利益高于一切。领主是这个群体的家长，而其他人则是这个"家"的成员。随着近代工业化的发展，日本地域性的村落共同体逐渐衰落，共同体意识和集团主义精神却没有衰亡，而是转向了企业。日本企业的"终身雇佣""年功序列"以及家族式的福利制度根源于集团主义的思想意识，反过来又促进了企业员工对企业的"忠诚"与奉献，使集团主义意识得到进一步强化。在日本这个讲求"施恩"与"报恩"的社会中，"终身雇佣""年功序列"以及家族式的福利制度可以看作企业集团施与员工个人的"恩惠"，"终身雇佣"保证了工人一旦被录用，他的全部生活就可以融入公司的整体中。"年功序列"使员工地位能够得到稳步提升，工资待遇也相应逐渐提高。家族式的福利制度则满足了公司供养其成员的全部社会需求。员工在这个集体中有足够的安全感。工人只要为工作尽职尽责，他的大部分需要都会得到满足，大多数，有时甚至是全部问题都可以通过公司得到解决。所以员工个人愿意以近乎疯狂的热情加倍工作以献身于集团来回报企业。如此这般，原来建立在村落共同体基础之上的集团主义意识和献身精神就转化为对企业的忠诚和献身精神以及企业内部的团结协作。

五、内外有别
——「内」と「外」

日本人が「内」と「外」という言葉で人間関係の種類を区別する。遠慮がない身内は文字通り「内」であるが、遠慮のある義理の関係は「外」である。
「他人」という日本語は不思議な言葉である。他人という言葉を辞引きで引いてみると、第一に「血縁のない人」とあり、第二に「無関係な人」と出ている。

在日本人的社会意识里，集团才是社会最基本的单位、最重要的核心。同时，在日本这个高度集团主义的社会，小集团又从属于一个大集团，大集团又从属于一个更大的集团，环环相扣。日本著名的学者中根千枝将其概括为"第一范畴""第二范畴""第三范畴"。

第一范畴

"第一范畴"的成员之间是一种非常亲密的伙伴关系，对个人来说，这些人与自己的工作、生活息息相关，几乎每天都见面，即使不见面也知道对方的确切消息，如果没有特殊的理由，相互之间很久不见面他们就会觉得不自然。具体到一个大公司，那就是指同一个科室的同事。

第二范畴

第一范畴的外围就是"第二范畴"，具体到公司的话，就包括整个公司的人以及与公司有业务往来的人。总之，就是被某种关系网所支配，相互认识，但是交往又不是很深的人。

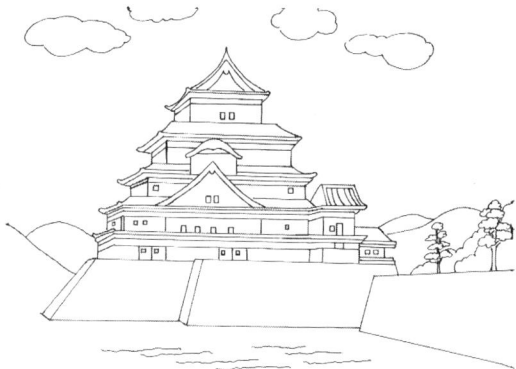

第三范畴

"第三范畴"则是被日本人称之为"外人"（よその人，世間の人）的人，也就是与自己毫无关系的人。

这样的划分并不足以认为是日本的独特现象，在其他国家，人们心中也都存在着这样有意识或无意识的划分。但是日本的独特之处在于这三个范畴的"内"与"外"的强烈区分和待人接物的双重标准以及对非"我"世界的人的疏远与不信任，发展到极端，甚至将同一社会中的"非我"者不以人相待。

"内"与"外"的具体表现

在日本社会，对于第一范畴的"亲子"关系的人，集团内部有一套自己特有的风格方式和特殊语汇，而外人，有时甚至同行业的属于另一个集团的人都无法理解。在这个圈子里，不需要讲客气，即使行为出格也会得到谅解。圈子内部的人相互支持，同仇敌忾，是"自己人"。而没有"亲子"关系的人，也就是"第二范畴"的人是"外"，是"外人"，在这个圈子里需要客气，相互之间彬彬有礼，礼尚往来以维持这种不远不近的关系。在这两个圈了之外，则是一个更远离自己生活的"外人"圈子。即"第三范畴"。一般来说同这个范畴中的人的关系是淡漠的和冷酷的。对这个圈子里的人，可以肆无忌惮，任意胡作非为。

日语中有这样一个谚语——「旅の恥はかき捨て」，意思是"旅行在外无相识，言行出丑也无所顾忌"，即旅行无羞耻。这句谚语充分体现了日本人"内

外有别"的思想。由此联想到日本人对待本国的少数民族"虾夷族"所表示的极度的冷酷、轻蔑和敌意,以及二战期间被遗散在东南亚各国的日本遗孤回到日本国内之后不为日本人接受,受尽歧视的现实,也就不会觉得意外了。日本人这种强烈的"内外有别"的思想在世界上恐怕是独一无二的。

"内"与"外"的固化与变化

对于日本人来说,第一、第二、第三范畴的圈子一般在30岁之前就已经固定下来,在这之后,一般情况下其各自的成员不会有多大的变化。这是因为日本人一般在30岁之前工作就已经稳定下来,通过工作关系结成的集团归属也就基本定型了。

日本人的社会生活基本上是在第一、第二范畴里进行的。当然,第一、第二范畴的人随着亲密度的增减有时会有一定的转变。因为工作关系或其他的原因,第三范畴的人在某一个时间段也有可能成为第二范畴的人,但是,很多情况下,只要这种工作关系一结束,人际关系也就到此为止,原来属于第三范畴的人又重新复位。第三范畴的人要想进入第一范畴简直是不可能。因此很多外国人在与日本人打过交道之后发出这样的感慨:"与日本人的工作关系一旦结束,朋友关系也就没了。"旅居日本多年,取得了日本的国籍,却始终觉得无法融入日本社会的外国人比比皆是。甚至很多嫁给了日本人的异国女性,历尽艰辛却仍然不为夫家的家庭和家族所接受,而最后选择离异。

一位与日本人结婚的印尼企业家说,我爱日本,可是日本很令我感到遗憾。如果作为观光客或访问者到日本去另当别论,但若长期定居则是困难的,因为日本社会不愿意接受外国人,尤其是亚洲人。这位印尼企业家的妻子也说,在印尼,混血儿不被歧视,而在日本则受到歧视,孩子在日本的教育、医疗救治都是问题。

所以,在日本公司工作的外国人,甚至在日本生活多年的外国人很难找到归属感,总觉得自己游离于日本社会之外,虽然周围的日本人对自己总彬彬有礼,礼遇有加。

在华日企眼中的"内"与"外"

在中国的日资企业中,作为"外国人"的中国人无疑是最外围的"外人""第三范畴"的人。既然是"外人",按照以上的分析,中国人要跨越"鸿沟"取得日方领导的信任就非常之难了。这也就是在中国的日资企业的总经理为什么几乎清一色都是日本人,而且各个重要部门的责任者都由日本总部派人担任的原因了。因为"内外有别"的思想根深蒂固,赴任到一处的日本人一般既不同当地人混杂,也不同当地的外国人混杂,而是聚居独处,自成一统。几乎每个地方都有一个由日本企业自主组成的商公会,并定期举行各种活动,在当地形成一个日本人的"圈子"。在这里,各个公司的总经理、董事长率领各自公司的日本职员加入一个更大的新的集团圈子,圈子以内的人是"自己人",圈子以外的当地人和外国人是"外人"。"自己人"经

常交换意见,共同对付"外人"。有一些刚进入当地的日资企业,在工资、福利待遇等方面都比较优厚,工作环境也比较宽松,因而往往能吸引不少人才。但是,随着他们进驻当地时间一长,在加入当地的日本商工会,与同行们交流增多之后,他们逐渐向其他的日资企业"靠拢",开始降低工资待遇,开始延长工人的工作时间等等。在节省劳动生产成本的同时也就失去了原来的竞争优势。

日资企业在采购方面也存在同样的问题,对"外人"(当地企业)抱有怀疑、不信任的态度,担心对方的服务和质量,即便知道对方有足够的实力,也得看周围有没有同行的日资企业,这其中虽然有语言沟通与交流的问题,但隐藏其后的不能说没有"肥水不流外人田"的强烈排外心理在作祟。

当然,随着日本国际化的加深、日本企业本土化的推进,这种"内外有别"的思想得到了一定的改善,日资企业里担任"总经理"的中国人也开始涌现。毋庸置疑,那是他们精通日本文化、熟稔业务、善于管理的回报。也应了一句中国的俗语:"世上无难事,只怕有心人"。

六、男主外·女主内
——男は「外」、女は「家」

> 日本では昔から「男は男らしくしなければならない、女は女らしくなければならない」という言葉がある。その考えは儒教の思想に根底がある。「男は外、女は内」という言葉が日本の社会に登場してきた。男の人は外で働き、女の人は内のこと、つまり家で掃除をしたり、料理を作ったり、子育てをしたりするという意味である。

日本是世界上有名的"大男人主义"国家,"男主外、女主内"是日本社会分工的基本模式。

日本女性的职业年龄

日本女性婚后大多留在家中相夫教子,成为贤惠、温顺、体贴的"专业家庭主妇"。因此,日本的职业女性年龄分布不均。据统计,日本女子的第一个就业高峰出现在20～24岁。从25岁开始,女性就业人数锐减。大概是因为25岁左右的女子婚后组成家庭,大都离职成为"专业主妇"。这种递减趋势一直持续到30～35岁,落至最低谷。日本职业女性就业的第二个就业高峰出现在40～45岁。这是因为人至40,不仅基本摆脱了生儿育女的负担,而且精力、体力和生活经验又处于旺盛时期,再加上一般家庭因购置房产,积攒子女教育费用等方面的经济压力加大,促使大批40岁左右的妇女重新走出家门,再次开始就业生涯。

日本女性的职业范围

女性所从事的工作也局限于秘书、文员之类的简单、辅助性工作。获得的收入相对男性来说也比较少。据统计,日本从事技术性和专业性工作的女性雇员仅占13%左右,担任管理职务的女雇员更不足10%。

日本人对女性就业的看法

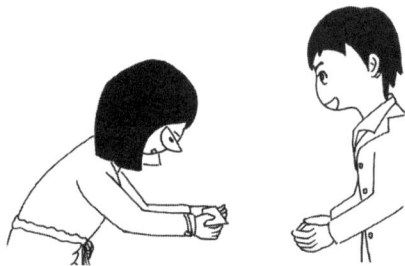

在日本人的观念中,女性学识低,见识浅。结婚后要相夫教子,放在工作上的时间和精力自然就少了,所以他们认为,家庭主妇是女性的"终生职业",即使工作,也只适合做一些辅助性的工作,不能委以重任。所以,在中国的日资企业里,虽然流水线上是清一色的女工,但是担当组长、科长、经理等管理职位的却大多是男性职员。在日本的公司里,每天早上或是客人来访时,女职员端茶送水被认为是理所当然的事情。

一般人都由此而认为日本女性地位低下,其实并不尽然。虽然日本女性的社会地位不高,但是她们在家庭内部却几乎主宰着整个家庭,那是因为日本家庭的财政大权几乎都掌握在太太们手里。通常情况下,日本男人拿到工资后都悉数上交,然后每个月从太太手里领取当月的"零花钱"(小遣い),零花钱的多少当然就要看太太的大方程度了。而另一方面,日本女性一般结婚之后就辞去工作,在家相夫教子,当孩子们都上学之后,如果家庭经济条件许可,她们就可以发展自己的兴趣爱好,学习茶道、花道,吟诗作画,参加各种俱乐部活动,外出旅游等,开始自己丰富多彩的新生活。所以,从某种一个意义上来说,日本女性也是很幸福的。

七、事先交涉
——根回し

根回しは本来、気を植え替える時の方法である。木を移植際に周囲をあらかじめ掘って根を一部切り落とし、細い根を発生させておくという意味であるが、関係者に意図や事情などを説明し、ある程度までの了解を事前に得ておくという意味に転じて使われている。日本の管理組織における集団主義的意思決定方式を支えている制度といえる。

所谓「根回し」,本来是指移植树木的方法。在移植树木之前,为了提高树木的成活率,以树干为中心,把延伸到地下的根按一定比例的长短切断,使树木在切断处重新长出细根之后

再移植。如果事先不这么做的话，移植的树木很容易枯萎。昭和40年代开始，这个词语逐渐开始被引申为"事先交涉"这样一层含义。也就是指为了顺利完成一件事情（某种交涉或者举办会议等），事先取得相关人员共识的过程。

在这一过程中，为了得到相关人员的同意，常常需要修改意见。而且，要达到最终的共识，往往需要很长的时间。但是，一旦事情被决定了下来，就可以很快地付诸实施，因为事先已经取得了各个部门的认同，准备工作都已经做好。

在日本的企业里，做完事先的准备工作后，一般是按照提案的内容进行书面请示。这也就是日本的"书面请示制度"。通过书面形式，把材料传阅给各位相关人士，征求他们的意见，以获得他们的认同。

虽然各个企业由于其组织、历史、风土等原因会有很多不同，但这类书面请示却都是重要的一环。

我们同日本公司刚开始打交道的时候，就会深切体会到这一点，要等到他们的答复通常都要很长的一段时间，但是一旦得到他们的答复，他们的"行动"就会很快。不懂得日本的这种文化的人通常都认为日本人办事效率低下，或者认为他们过度慎重。这是一种误解。其实这种「根回し」的办事方式是一种非常有效的方法。因为日本社会一般都要依靠集体决定和取得一致的意见办事。

八、暧昧的责任制
——暧昧の責任体制

　　暧昧とは、一つの表現や文字列、項目などが、二つ以上の意味にとれること、もしくは、周辺が不明瞭なことである。

　　日本人の暧昧さに対して、いろいろな考え方がある。それは日本人が育ってきた「生きる知恵」と思う人もいれば、論理的に不明確で、**YES**、**NO**が暧昧、大嫌いだと思う人もいる。

日本的集团都要求内部成员高度协调一致。大家行为统一,众口一致。这使得日本人产生了一种暧昧的是非善恶观,他们为了追求和谐,往往不明确说"是"与"不是"。这一点在日语的表达中体现得淋漓尽致。

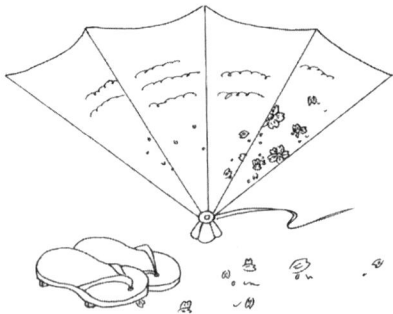

暧昧的语言表现

在该明确表态时,日本人往往不说「いいえ」,却说「考えさせていただきます」。

暧昧的责任体制

为了维护他们的集团制度,日本人尽量避免公开的对抗,各种不同的立场不明确划清,对其中的区别也不作分析和阐述。表现在企业集团内部则是一种"模糊责任体制",有责任共同承担,或是明明知道责任者所在,为了照顾当事人的面子而不明说,大家共同解决问题。在现代的日本企业里,他们也信奉"模糊职责"说,不明确职责范围。面对责任事故,日本人会召集所有相关部门的领导开会,共同商议解决问题的办法,而不去查明责任部门和责任人。西方企业里一些被认为应该由上级单独负责的事,在日本企业里,下级却认为他们自己也负有责任。同样,西方企业里认为应该由下级负责的事,在日本企业里,上级认为自己也应该负责。

暧昧产生的中日冲突

日本公司进驻中国以后,这种暧昧的是非善恶观、有责任共同承担的思想就反映在日方领导"喧哗两成败"、充当"和事佬"的态度上。面对责任事故,他们要求下面的中方领导人共同协力解决,但对责任的承担却含糊不语或各打五十大板。但是,中国人的处理方式却不尽相同。面对发生的责任事故,中国人更多的是先查明责任部门和责任人,再由责任部门请求相关部门协助解决。所以,在这种会议上,中日双方的领导人往往会发生分歧。日方领导要求各个部门的领导尽快拿出解决方案,共同协助解决。而中方的部门经理们却往往在底下先讨论事故的责任部门和责任人是谁,然后再想解决办法。这样一来,日方领导认为中国人不团结,相互推卸责任;而中方领导认为,这责任明明不是我们部门的,现在把我们找来,让我们协同解决,是不是认为我们也有责任,从而内心叫冤不断。

中日冲突的原因

其实,这是由于中日双方的文化差异所造成的。日本民族强烈的集体主义趋向起源于家、村、藩这种生死与共的命运共同体。在这种命运共同体中,命运共同体成员的首要任务就是要为集团的生存和繁荣终身无私地奉献。在个人与集团的关系中,集团的利益永远优先于个人利益。既然集团的利益高于一切,那么,出了事故由谁承担责任就并不重要了,因为不管

责任在谁，最后还是由集团成员共同解决。但是，中国人就不存在这种心理。中国人更崇尚"一人做事一人当"的"好汉"行为，强调"职责分明"。再者，中国是一个"是"就是"是"，"非"就是"非"，是非分明的民族。正如中国的儒家思想强调的是"仁、礼、义"一样，中国人推崇"仁义"，对赏识自己的领导、自己崇敬的人愿意"士为知己者死"，但是，对一个不明就里，各打五十大板的"和事佬"领导他们是不会心悦诚服的。既然"竖子不足与谋"，他们就另谋高就，到别的公司去寻找"知己者"了。这也是在华日资企业里中高层管理人才流失的重要原因之一。

不同工作方式的利弊

中日双方的这两种不同的方式，我们不能简单地说孰优孰劣，日本的"模糊责任体制"照顾了责任人的面子，有利于集团内部的团结与和谐；同时，也不容易出现职能部门之间"各扫门前雪"的现象，不容易产生部门之间的"真空地带"；还有利于公司员工"主人翁"意识的培养。中国的"责权明确制"权责分明，赏罚分明。

中日两个国家都有一句相同的俗语"入乡随俗"「郷に入れば、郷に従え」，而这个"乡"，从大的角度来说，可以理解为中国，日本企业既然来了中国，就可以随我们中国的"俗"，但是，从小的角度来讲，也可以理解为日本公司，既然中国人来了我们日本公司，就可以随我们日本人的"俗"。也许，中日双方的这两种不同的观点和想法就看个人的理解了。相互之间还要一个相互适应的过程。

第二章　企业常识篇
——企業の常識

ビジネスの現場では、人に「教える」機会は少なくないもの。また、面倒だからといって、それを避けるわけにもいかないであろう。とはいえ現実的に、それはなかなか困難なことでもある。では、新人が知らない会社の常識を紹介する。

一、公司分类
——会社の分類

公司是一种企业组织形式。从严格意义上讲,公司是指依照法律规定,由股东出资设立的以营利为目的的社团法人。

按规模划分

按规模来分,日本企业分为小本企业(零細企業)、中小企业(中小企業)、中坚企业(中堅企業)和大企业(大企業)。

(1) 小本企业:公司资本金不满1 000万日元。

(2) 中小企业:公司资本金1 000万日元以上,不满1亿日元。

(3) 中坚企业:公司资本金1亿日元以上,不满10亿日元。

(4) 大企业:公司资本金在10亿日元以上。

按性质划分

按照公司性质来分,公司一般分为股份有限公司(株式会社)、有限责任公司(有限会社)、合伙公司(合名会社)、合资公司(合資会社)。

(1) 股份有限公司:简称股份公司,是指其全部资产分为等额股份,股东以其所持股份为限对公司承担责任,公司以其全部资产对公司的债务承担责任的企业法人。

(2) 有限责任公司:是指股东以其出资额为限对公司承担责任,公司以其全部资产对公

司债务承担责任的企业法人。

（3）合伙公司(合名会社)：是指承担无限责任的合伙人共同出资开办的公司。

（4）合资公司：合资公司由两家公司共同投入资本成立，分别拥有部分股权，并共同分享利润、支出、风险、及对该公司的控制权。

合资企业与合作企业之间虽有许多相似、甚至相同之处，但二者仍有着基本的差别，即合资企业是股权式组织，而合作企业是契约式组织。合资企业各方的各种投资形式包括现金、设备、厂房、技术、土地使用权等都要以同一货币单位计算股权，利润的分享和风险的承担都以股权为依据，合营期限也比较长。而合作企业合作各方提供的现金、设备、土地、技术、劳动力等不作为股本投入，利润的分配完全依据各方签订的协议，合营期限一般比合资企业短。从组织形式上看，合资企业必须是具有法人资格的企业，而合作企业则可以是不具有法人资格的组织。

目前大部分的公司都采用股份有限公司的形式。

二、公司组织结构
——会社の組織

日本的公司一般实行的是"金字塔"式的管理架构。在董事长、总经理之下一般由总务部、人事部、财务部等间接部门和生产部、营业部等直接创造经济效益的直接部门组成。部门之下又设有"课"。这种组织结构反映了日本企业的上意下达(トップダウン)和下意上传(ボトムアップ)。上意下达使上司的命令能够得到彻底的执行，也使责任、权限明确化；而下意上传则保证了下属的意见和建议有反馈的渠道。

公司组织结构的定制和各部门的设置由于公司的性质不同而有很大差异，各个部门的职责和工作内容也不尽相同。因此我们只能举一例大体上作一个简单的介绍，各位在进入公司之后还要具体学习。

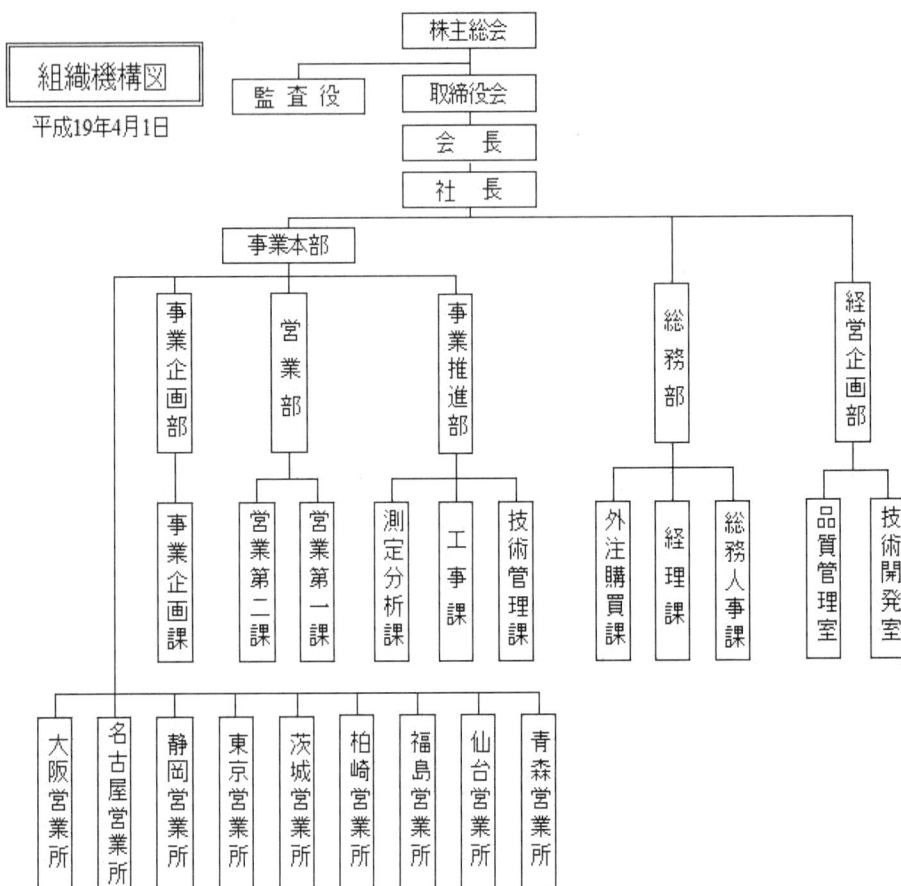

組織機構図
平成19年4月1日

株主総会
監査役　取締役会
会長
社長

事業本部　総務部　経営企画部

事業企画部　営業部　事業推進部

事業企画課　営業第二課　営業第一課　測定分析課　工事課　技術管理課　外注購買課　経理課　総務人事課　品質管理室　技術開発室

大阪営業所　名古屋営業所　静岡営業所　東京営業所　茨城営業所　柏崎営業所　福島営業所　仙台営業所　青森営業所

三、公司职务
——会社の肩書

课长

日本企业的职务名称有的很容易理解,与中国的职务名称说法基本一致,例如「課長」「部長」等。但是也有很多是不一样的,有的无法一一对应,在这里稍作介绍。

職務 しょくむ	职务名称	补充说明
代表取締役 だいひょうとりしまりやく	董事长	
取締役 とりしまりやく	董事	

職務	职务名称	补充说明
会長 （かいちょう）	集团董事长	通常为"代表取締役社長"，也就是"董事会会长"。以前日本的"会長"基本上就是原来的"社長"退居二线之后名誉担任。但现在有些公司的"会長"会统领全局，管理公司事务。或者是总管集团的好几个公司。如果是这种情况，那么他才是公司里真正的老大。
社長 （しゃちょう）	董事长、总经理	通常为"代表取締役社長"，这里的"代表"是"代表"公司，有一点"法人代表"的意思。比一般的"取締役"更高。相当于董事长或总经理职务(一般都是公司最大的股东，不是职业经理人)。一般的日企里，这个职位就是老大啦。
専務 （せんむ）	专务董事	常务和专务其实只是董事会里的职位而已，都是董事会委任的，都在负责一定的领域，但不供职于企业，不是企业职员编制。董事会任命的职位由高到低依次是：社長、副社長、専務、常務。
常務 （じょうむ）	常务董事	
工場長 （こうじょうちょう）	厂长	
部長 （ぶちょう）	部长	是一种较高的管理职务，管理一个部门的好几个"課"。
次長 （じちょう）	副部长	一个部门的副职管理者，也是督导课长的人。
課長 （かちょう）	课长	负责管理监督职员工作。
係長 （かかりちょう）	系长	位列课长之下，主任之上，相当于组长。
主任 （しゅにん）	主任	日语的"主任"和汉语的"主任"意义相差巨大，在中国，主任是部门领导，如果是政府机关，"主任"是最高领导。如：发改委主任、教委主任等。但是在日本企业，这个"主任"是非管理职务，在采取"年功序列"的企业里，一个员工在工作5年到10年之后就可以升至"主任"，职务仅仅比普通职员高一点。
責任者 （せきにんしゃ）	负责人	

公司组织结构与职务名

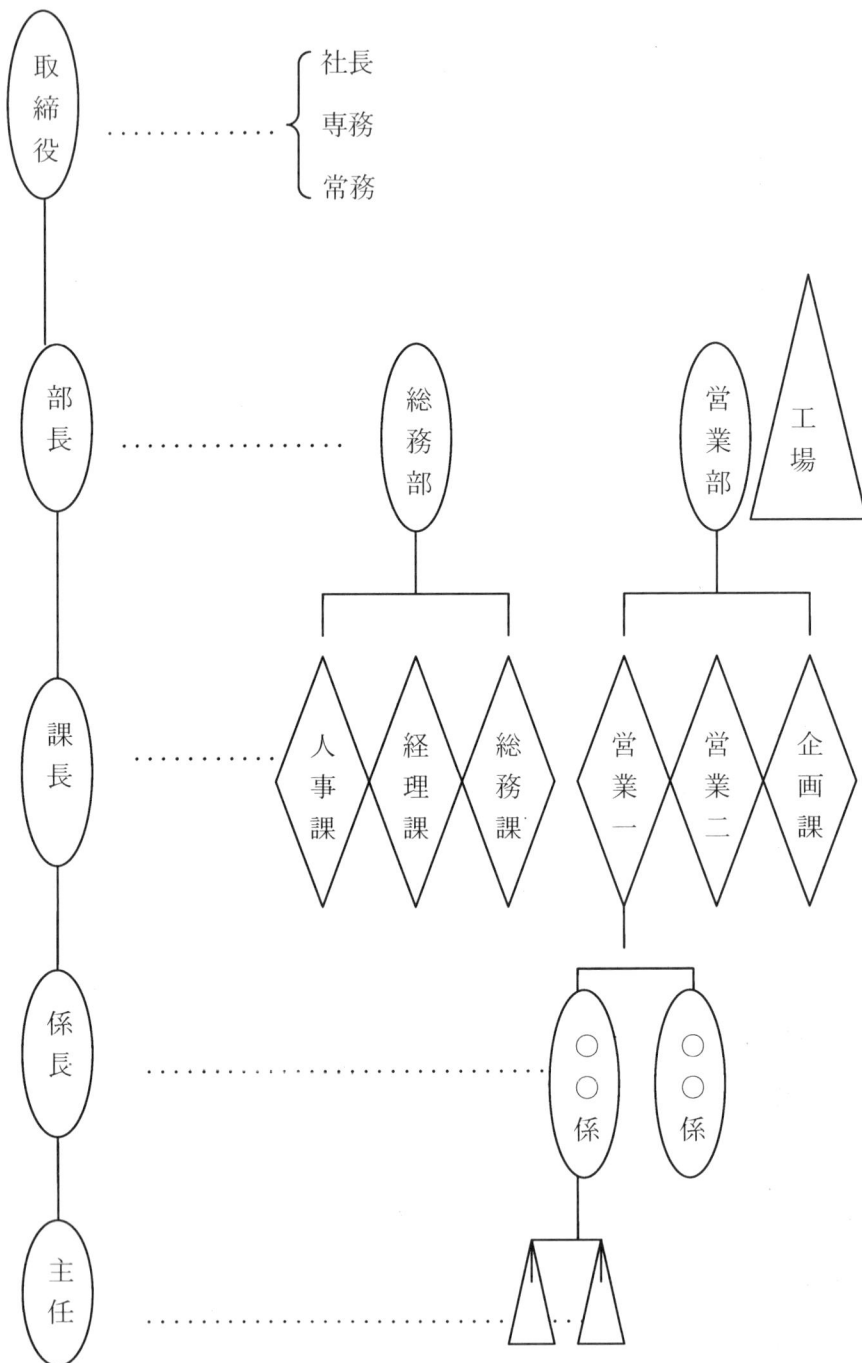

取締役 ·············· { 社長　専務　常務 }

部長 ·············· 総務部　　営業部　工場

課長 ·············· 人事課　経理課　総務課　営業一　営業二　企画課

係長 ·············· ○○係　○○係

主任 ··············

四、各部门的工作内容
——各部門の仕事内容

总务部【総務部】

　　总务的工作范围很杂，不同公司或不同行业间都有许多的差异，但是基本上是管理公司的日常事务，其主要工作内容如下：

工作职责与内容（中文）	工作职责与内容（日文）
秘书：日程管理、接待客人、员工出差的安排、文书制作、管理等。	秘書：スケジュール管理、来客対応、出張手配、文書作成、管理など。
总务：公司活动的计划、安排；庆悼管理；工作环境的管理等。	庶務：行事計画・実施、慶弔管理、職場環境設備など。
费用管理：包括消耗品、日常用品等。	用度：消耗品の管理、什器用度品の管理など。
公司通讯：公司通讯网设备的建设和管理。	通信：会社通信網の設備・管理など。
广告宣传：一般广告；媒体的应付；公司简介、公司内部报刊的制作等。	広報宣伝：一般広報、マスコミ対応、会社案内書、社内報作成など。
涉外工作：维持公司的对外关系、处理与当地政府部门的关系等。	渉外：対外関係維持、地域社会との調和など。
文书：各类文书的制作（公司章程・社规等）。	文書：定款・社規および業務手順書など。
法律事务：公司法律法规方面的业务（合同、诉讼、律师等）。	法務：契約書審査業務、訴訟業務、弁護士関連業務など。
股票业务：公司股票上的业务（股东大会、公司上市、公司股票的分配等）。	株式：株主総会業務、株主業務、株主対策、株主上場など。
社会保险：健康保险、养老保险、工伤保险等。	社会保険：健保業務、厚生年金業務、雇用保険業務、労災業務など。
公司福利设施的管理：医务室、食堂等。	福利厚生施設：診療所、食堂など。
公司设备管理、不动产管理：公司员工宿舍等不动产以及附带设施、公司资产的有效运用。	設備管理・不動産管理：社宅、単身用住宅などの不動産及び付帯設備、社有資産の有効活用など。

人事部【人事部】

公司人事部的主要任务是制定、执行公司人力资源规划;制定、执行、监督公司人事管理制度;制定招聘计划、策划招聘程序、组织招聘工作;制定考评政策、统计考评结果、管理考评文件、做好考评后的沟通工作;制定薪酬政策、晋升政策;组织提薪评审、晋升评审;办理员工各种人事关系的转移;组织员工岗前培训、协助办理培训进修手续等。

工作职责与内容(中文)	工作职责与内容(日文)
公司组织管理:组织结构的调整,组织架构的建设等。	組織管理:全社組織管理など。
人事管理:人事异动等的管理。	要員:人員計画、人事異動管理など。
招聘:组织招聘工作。	採用:採用計画、職業安定所対応など。
人事制度:人事制度的建立。	人事制度:人事処遇制度の策定・改訂、資格制度策定・改訂など。
人事考评:考评(考评政策的制定及修订;晋升制度的制定及修订;组织提薪评审、晋升评审等)。	人事考課:評定制度の制定・改訂、昇進・昇格管理、自己申告制度実施管理など。
工资结算:工资结算。	給与計算:源泉徴収、年末調整実務など。
员工教育培训:各种教育培训计划的制定与实施。	教育研修:教育研修計画、階層別教育実務、職能別教育実務など。
咨询:咨询服务(人事咨询;生活设计咨询;健康咨询。后两者在中国的日资企业里一般没有)。	カウンセリング:人事相談、生活設計相談、健康相談など。

财务部【経理部】

公司财务部主要具体负责公司的财务管理和经济核算,包括生产经营过程中的一切财务核算、会计核算;如实反映本公司的财务状况和经营成果;监督财务收支,依法计算缴纳国家税收并向有关方面报送财务决算;参与公司的经营决策,统一调度资金,统筹处理财务工作中出现的问题。其主要工作职责如下:

工作职责与内容（中文）	工作职责与内容（日文）
会计：月结算；年结算；有价证券报告书的制作等。	会計：月次処理・年次処理、財務諸表作成、有価証券報告書作成、連結決算処理など。
税务：税务工作。	税務：税務申告、税務調査対応、税制対応など。
预算管理：预算管理（预算收益、预算进展的管理）。	予算管理：利益計画作成、予算進捗管理など。
成本管理：成本计算、节减成本活动的推进。	原価管理：原価計算、原価低減活動推進など。
财务管理：财务计划的制订及管理等。	財務管理：財務計画作成・管理など。
资金管理：资金的运用、与银行之间的磋商、汇票管理、授信管理等。	資金管理：運用、資金計画、銀行折衝、手形管理、与信管理など。
外汇管理	外国為替：為替管理、外国為替実務など。
经营管理：参与公司的经营管理（经营计划管理、经营资金管理、经费设备预算管理等）。	経営管理：経営計画管理、経営資金管理、経費設備予算管理など。
审查：内部会计审查、对付外部会计审查、实施相关公司的会计监查等。	審査：内部会計審査、外部会計監査対応、関係会社会計監査実施など。
系统管理：财务系统的管理及运用。	システム：経理業務のシステム企画・推進、経理システム運用など。

采购部【資材部】

　　日本企业的"資材課"（有的公司称購買課）也就是我们所说的采购部，主要职能是购买、调配和管理公司生产所需的物料、零部件（日语称为「部品」「物品」）等材料，管理供应商使其按时按质按量交货。其主要工作内容如下。

　　（1）制定采购的方针、政策；【購買方針策定】

　　（2）寻找、开发供应商；【新しいベンダーの開発】

　　（3）供应商管理；【ベンダー管理】

　　（4）根据生产所需向供应商发出订单；【発注管理】

　　（5）跟踪订单，确认供应商是否如期如量交货；【納期管理】

　　（6）供应商交货时对实物、发票进行确认后入库，定期进行库存盘点（「棚卸」）；【倉庫、在庫管理】

　　（7）制作、整理并管理材料单价表；【材料単価管理】

（8）与供应商进行谈判交涉，降低材料成本；【コストダワン】

（9）外包加工的管理。包括寻找、开发外包工厂；向外包工厂发订单等。【外注管理】

企划部【企画部】

日本企业的"企画課"也就是我们所说的计划科，主要职能是根据客户订单数量制定本公司的长期、中期、短期生产计划。其主要工作内容如下：

（1）收到客户的订单后，根据公司的生产能力就交货期、交货数量对客户进行答复；【受注管理】

（2）根据客户订单和生产部门的生产能力做出合理的生产计划；【計画作成】

（3）终端机的录入（在电脑化的时代，大部分公司都进行数字化管理，订单数量，成品数量等都要输入电脑。所以几乎每个部门都要进行终端机的录入；【端末機入力】

（4）完成品销售价格的整理以及管理；【販売価格管理】

（5）完成品的在库管理以及定期的盘点；【完成品の在庫管理】

（6）制定出货计划，与运输部门进行协调，确保公司产品如期、如量向客户交货。【出荷管理】

营业部【営業部】

营业部主要是负责公司的销售事宜，遵照公司的经营政策、计划与目标，在所指定的地区或专用户的范围之内，拓销公司产品。其主要职责内容有：

（1）营业战略；【営業戦略】

（2）拟定和执行销售计划；【販売計画】

（3）市场调查与研究；【マーケティング】

（4）拓销公司产品；【販売促進】

（5）新市场的开拓；【新規事業】

（6）直接销售（公司、个人、政府组织等）；【直接販売】

（7）间接销售（代理店、批发商、贸易公司等）；【間接販売】

（8）客户资料的建立与运用、新客户的开发、客户投诉的处理；【対象顧客】

（9）客户的授信；【与信管理】

（10）收账及账款异常的处理；【入金回収】

（11）债权的管理；【債権管理】

（12）交货期及签押进度管理。【納入受け渡し】

品管部【品質管理部】

品质管理部制主要负责制定公司的质量工作标准、产品质量检验标准,确定检验与监督管理方式、组织质量管理培训、逐步推进企业生产经营活动全过程的质量管理工作等。其主要的工作内容有:

(1) 来料检查;【仕入れ部品の検査】

(2) 出货产品的质量检查;【出荷完成品の検査】

(3) 品质问题的处理;【品質問題の処理】

(4) 品质问题的对策;【品質問題の対策】

(5) 保证公司新产品的质量;【新製品の品質保証】

(6) 对供应商的品质监管工作;【仕入先の品質監査】

(7) 客户的品质监管工作。【顧客の品質監査】

生产部【生産部】

生产部主要是根据公司销售部制定的销售计划和下达的"制造通知单"(订单)及自接生产订单,拟定年度、月度生产计划并依订单情况做出生产计划和核定订单交货期,下达生产命令,控制生产进度,保证按时交货。其主要工作内容有:

(1) 生产计划的制定;【生産計画の立案】

(2) 制定、修订各项产品工序工时标准和劳动定额,计件工资标准等;【工数管理】

(3) 负责生产流程的管制、工作调度、人员安排等;【操業計画立案】

(4) 生产进度的管理;【生産進度管理】

(5) 出货管理;【出荷管理】

(6) 负责用料管理及异常的追踪、改善;【部品管理】

(7) 负责生产工人的管理、教育、培训和配合人力资源部进行考核、奖惩等。【作業員の管理】

开发部【開発部】

产品开发部主要是根据公司的总体战略规划及年度经营目标,围绕营业部制订的计划,制订公司的年度产品开发计划,并按计划完成设计任务;对公司现有产品与营业部沟通,进行销售跟踪,根据市场反馈情报资料,及时在设计上进行改良,调整不理想因素,使产品适应市场需求,增加竞争力。其主要工作内容有:

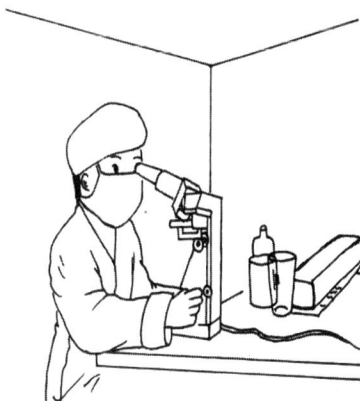

（1）市场调查（竞争对手的调查、竞争产品的调查、技术调查、专利调查等）；【市場調査】

（2）公司的产品定位等；【商品企画】

（3）新产品的研究开发、生产技术开发、产品的安全性开发、成本预算等；【開発設計】

（4）负责与设计开发有关的新理念、新技术、新工艺、新材料等情报资料的收集、整理和归档；【情報システム】

（5）程序设计、测试等。【プログラマー】

第三章　企业用语篇
——企業の専門的（せんもんてき）な用語（ようご）

国際市場で事業を展開している企業では、一貫性のあるローカリゼーションの必要性が重要になっている。また一部では、厳密に標準に準拠し、コンプライアンスに則ったローカリゼーションが求められるような企業もある。一貫性のあるローカリゼーションにおいて企業の専門的な用語集管理が担う役割と、用語集管理を企業全体の主要な戦略目標を説明する。

一、企业文化类
——企业文化

企业由人组成【企業は人で成（な）り】

这是广泛应用在日本企业的一句名言,可以说它是日本公司一贯的经营理念。含义是:企业是由人组成的,企业的一切是由人创造出来的。

日本企业聘用员工时,不单纯看重个人的具体能力,而是强调人的基本素质。其基本思想是,高素质的员工可以通过企业自己的培训,胜任所有的工作。

为了保证获得高素质的员工,日本企业非常注重与学校的合作。

学校从自身利益出发,也是很愿意与企业合作,尽量向企业提供毕业生的准确信息。他们把这样的双赢合作称之为"校企合作"。

集团主义【集団主義】

所谓集团主义是说比起个人来优先去想集团的利益与价值,因为自己是属于集团的。日本人的集团主义在第二次世界大战中表现尤为突出。自绝、集体自杀、一心一意的口号演变成今日在企业经营对「和」的重视。

重视「和」被认为是「团队精神」强的表现。例如在封建时代武士若不服从上司的命令,就要自己剖腹自杀以示谢罪。今天的日本人仍是被认为具有「强い連帯感」的民族。

日本人把企业和企业的运营看成是自己家族的事,"家"作为一种理念,贯穿在企业的管理和运营中。

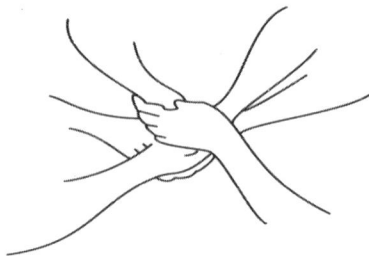

团队合作【協力性】

将500个土豆装在一只麻袋里,是什么呢?只不过成了一麻袋土豆罢了,土豆之间没有任何关系。一盘散沙的队伍、没有团队精神的队伍,只不过在一起上班罢了,并没有形成一个团队。

一旦进入日本企业工作,便应更多地强调群体而非个人的贡献。同时,日本企业的等级制度非常严格。以绝对尊重上司为组织中的基本准则,纵向讲究汇报,横向讲究联络、商量。因为严格的组织结构是组织力量的基本保证。

日本企业要求人与人之间讲求诚信,在"真、善、美"的价值观中,把"真"立在首位。主张"诚信"是个人间、组织间沟通交往的最基本前提和保证。

现代企业投入产出系统需要把技术引进和工作设计作为一个总体系统来研究,将技术、生产组织和人的工作方式三者相结合,强调在工作设计中注重促进人的个性的发展,注重激发人的积极性和劳动效率,这实际上就奠定了现在所流行的"团队工作"方式的基础。

在「チームパワー」(团队力量)管理新时代,人成为最宝贵的资源,对人的使用成为一种新型具有人性味的活动——爱你的职工,他会加倍地爱你的企业。尽管绝大多数管理干部都能够意识到人的重要性,但在现实中并不是绝大多数的管理干部都能真正地尊重人,尽管有些是他们无意识的行为。

🤖✬ 团队合作的3大原则【チームワークの3大原則】

（1）严守交货期。（期日厳守）

（2）不要一个人死撑，时常与人商量。（抱き込まず、相談）

（3）勿忘互助精神。（助け合い）

🤖✬ 尊重人【人間尊敬】

要使职工真正地感到自己是重要的，企业领导不论是在制定计划，还是在日常的交往中，都必须牢记这一点。

要认真倾听职工们的意见。工作在装配线上的工人由于天天与生产线接触，因而往往比领导更熟悉生产情况，他们有可能比经理们更能想到提高劳动生产率的办法。

对每一位职工都要真诚相待、信而不疑，赋予职工参与决策的权力。缩小职工与管理者的距离，职工的独立性和自主性得到了尊重和发挥，积极性也会随之高涨。

🤖✬ 敬业精神【天道酬勤】

对待工作，"天道酬勤"和"愛着"是日企员工的最基本职业素质。"過労死"（过劳死）、"働き蜂"（工蜂）就是由此而得出的词汇。

日本社会是单一民族，彼此之间的思维方式大致相同，不用多说，对方也会领会自己的想法。在日资企业，主动思考、对工作有责任意识的部下才会得到赏识。作为员工要学会从上司的角度看问题，而不能只是完成眼前分配到的工作。

日本企业提倡挑战精神，即使挑战失败也没关系，但是不能自作主张。如果没有得到上司的许可，失败了上司会发怒。在这种情况下，虽然上司不知情，但如果出现问题，上司也会因为"对部下的监督不力"而承担部下失败的责任。因此，挑战前应该先与上司"相談"（商量）。

🤖✬ 论资排辈【序列意識】

在日本有名的学者—三户公著的「家の論理」这本书里，他写到「日本人は企業と企業の運営を家族と見なして、"家"の理念として、企業の管理と運営を行います。」（日本人是把企业和企业的运营看成是自己家族的事，"家"作为一种理念，贯穿在企业的管理和运营中。）

日本人那种认为自己属于集团的意识表明他们的集团倾向很强。受「家」之理念的影响，「序列意識」这一想法已经牢固地进入日本国民的脑子里。日本人认为自己属于集团的思想意识就是集体意识。而且，凡是日本人聚集的地方，他们在所属集团中对论资排辈都很重视

并自觉加以执行。

（1）「大河に水が溢れていれば、小河の水は満ちている。大河に水がなければ小河は涸れている。」（大河有水小河满，大河无水小河干。）

（2）「鍋の中にあってこそスプーンの中にもある。」（只有锅里有，勺子里才有。）

（3）「大家がなければ、小家もなし。」（没有大家何谈小家。）

以上日本的谚语说明个人的存在只是集团中的一分子，个人命运是和集团的命运密接相关的。

（1）提倡企业的使命和社会的责任要统一，为了企业的发展，需要培养「和」文化氛围。

（2）企业和员工要有同一个「家」，大家都要重视「TeamWork」（团队协作）。

（3）传统文化和创造精神要统一才能使企业的文化得到再发展。

调休与连休【振り替えと連休】

日本公司一年里假期比较多，特别是中国的日资公司。在一年里既有日本的假期，也有中国的假期。时间虽然都不长，但名目却多。

因为假期较多，而日本公司又十分重视效益，所以日本公司的年历上经常在"連休"之后出现"振り替え"字样。当然，谁都喜欢"连休"而不喜欢"调休"了，因为一般都会调在周六或周日上班。

早会【朝礼】

日本公司惯有的例会，一般是在早上开，也称"早会"。

各部门分别开，部门负责人先要总结过去一天的工作情况，布置当天的工作内容。最后询问部门有无需要与其他部门沟通的事情。

所有参加会议的人一般是站着开的，内容简单，过程简短。

碰头会【打ち合わせ】

管理人员之间的小型"碰头会"。如果部门之间出现了什么情况，主要部门负责人会立即召集相关部门和相关人员碰头，讨论和商量问题解决对策。

本地化【現地化】

「現地化」是日本企业近年来实行的一项"大转移"策略。

具体是指日本企业的管理"本土化"，就是日本企业高层逐渐把日本企业的管理权转移给当地人。

这是跨国企业发展的必由之路,这将为我们提供更多的机会、更高的职位以及更高的薪水。

塞翁失马,焉知非福【人間万事塞翁が馬】

某一个公司的董事长曾把这句名言当做自己人生的座右铭。

那是在他年轻时,一天他所在的公司倒闭了,包括董事长在内的所有人都不上班了。而他却一连几日去诉讼委托人那里道歉,他的行为得到了对方的原谅和好的评价,使他得到了工作并成就不断地做到了今天。要重视和把握邂逅相逢的难得机会。「巡り合いの一期一会を大切にしている。」(珍惜每一次相逢之机会。)

工作尚且如此,更何况人生呢。人生是由人的"和"组成的。倘若意识到了这一点,无论是怎样的逆境都可以走过。人际关系越广,其纽带就越强、越多,所以要把人际关系的重要性牢牢铭刻在心里。

企业活动方针【企業活動の方針】

每个企业都会有自己的企业活动方针,内容大致相同,只是细节上有所不同,我们在此举出例子。

(1) 健全的企业活动。

(2) 以顾客为中心行动。

(3) 尊重人。

(4) 营造充满活力的工作环境。

(5) 注重与环境之协调。

(6) 注重与社会之融合。

(7) 向着人类、社会、地球的崭新未来进发。

(8) 让人生更加辉煌。

(9) 一切为了顾客的"真好!"而努力。

(10) 更好、更愉快地工作!

企业工作3K【企業での3K】

① 継続　② 根気　③ やる気＝3K

坚持、耐力、干劲是企业为社会做贡献的原则。无论景气与否,参加贡献活动都是企业员工责无旁贷的。

商务工作3原则【ビジネス3原则】

（1）正确开展工作。（正確に）
（2）迅速开展工作。（迅速に）
（3）谨慎进行工作。（丁寧に）

顾客满意度【顧客満足度とは】

也称 CS（customer satisfaction），指从顾客第一主义的立场了解其满意程度，通过对数值加以分析，以期提供更好的服务。

其测定方法因国别、企业而异。日本是由日本能率协会定期进行产品和服务的客户满足度调查，再发布不同行业、企业的名次和等级。人们可以通过了解名次和等级高的企业是如何做的，以便取他人经验为己用。

经济快速发展的今天，进行商务往来的双方已经由"公司提供物质产品→顾客得到"这样一种结构方式，正在向"顾客想要产品→公司提供"这样的一种结构变化了。

今后，生产产品的人必须要有这样的考虑问题方法，那就是一切要站在顾客的立场加以行动，并从得到的结果看双方能取得相同利益。

以顾客为行动出发点【顧客原点の行動】

提高客户满意度

（1）重视顾客感受，对世事动向以其前瞻性进行思考、行动。
（2）站在顾客角度，为其开发和提供安全的、高质量的、有用的产品与服务而人人作出努力。
（3）真诚接受顾客的意见、建议，诚实、迅速、准确予以回应。

市场调查【市場調査】

企业活动中，为了解决特殊问题而进行必要的情报收集、整理和分析。
市场调查的方法
1. 统计调查
答题面试，调查员通过面试提问。
优点：回答者是本人，可以确定准确度。
缺点：成本高。
2. 问卷调查，隔天回收调查表（留置法）
优点：调查对象多时有效。
缺点：答题者难以判断是否本人。
3. 邮寄问卷调查（郵送法）
优点：对象者分散时有效。

缺点：回收率低，只有10%～15%，缺乏代表性。

4．电话问卷调查（電話法）

优点是快速、费用低、范围广。

缺点是问题有限，欠缺代表性。

5．集中调查（集合法）

优点：可具体显示商品种类，实操都有可能。

缺点：浪费大量样本，缺乏代表性。

二、企业制度类
——企業制度

股东代表大会【株主総会】

它是股份公司的最高决议机关。

股东根据所持有的股份行使表决权。在公司决算后定期召集股东全体会议。也可根据需要召开临时股东会议。在定期股东全体会议上，在规定的条款内只要没有特别的决定，只是提交"取締り役"（董事）、"監査役"（监察委员）的任免、条款变更、合并/解散、结算文件的承认、股票配股等。还有公司的基础、基本人事项、股东利益相关的问题。

公司一年大事【会社年中行事】

公司在一年的大事情分为「オフイシャル行事」（官方的）和「社内行事」（公司内部的）两大类。

「オフイシャル行事」（官方的）指成立周年纪念仪式、董事长就任、新厂房、新工厂落成仪式等。

「社内行事」（公司内部的）是指新员工欢迎会、送别会等。

奖金评价制度【ボーナス評価制度】

日资企业员工的奖金是通过奖金评价制度产生和发放的。

首先由各级别的上司对管辖部门的手下分别按工作实绩评定分数，上报，再由上一级汇总后按总人数定出级别和比例。

级别划分

级别	工资的倍数
1.5　优秀	原工资额×1.5
1.4	原工资额×1.4
1.3	原工资额×1.3
1.2	原工资额×1.2
1.1	原工资额×1.1
1.0	原工资数额×1.0
0.9	原工资数额×0.9（降一级）

福利养老金【厚生年金】

为人老之后准备的防止生老病死的生活补助。其金额由国家、社会、劳动者三方负担。在公司不投入这项补助时需要个人交纳。

聘用保险【雇用保険】

对失业时的保证金，也叫"失業保险（失业保险）"。个人工作期间，由所在企业和个人共同承担。

员工灾害补偿保险【労働者災害補償保険】

适用于所有劳动者的保险事项，是对劳动时发生的伤害、疾病进行补偿的费用。其费用由企业全额负担。

各种雇佣形式【雇用形態の違い】

1. 正式工（正社員）

以公司利益为目标，以长期工作为前提，得到相应的报酬。

这是最多的雇佣形式。有养老金和健康保险等社会保险，工作环境充实而稳定。工作内容及工作时间等，听从公司命令。

2. 合同工（契約社員）

时间限制在一年至三年。分时段进行的专业性较高的

业务时比起正式员工来较多聘用合同员工,是最近增多的雇佣形式。待遇与正式员工差不多,有时时间一到也可以续签下一个合同。可以说是一种对工作成绩要求较为严格的雇佣形式。

3. 委派工(派遣社員)

属于派遣公司,根据需要从事派遣事宜。工资由派遣公司支付,工作上接受派遣公司指挥、命令。

4. 兼职/自由工作(アルバイト/フリーター)

按照正式员工的指挥、命令行事,工作内容大多是做助手,工作内容单纯。在需要特别的技术、经验时作为兼职聘用,在试用阶段过后,也有作为正式员工受到聘用的,但总体属不稳定的雇佣形式。

5. 小时工(パートタイマ)

与正式员工相比,工作日数较少、工作时间不长。其工作日数、工作时间可以根据本人情况而定。

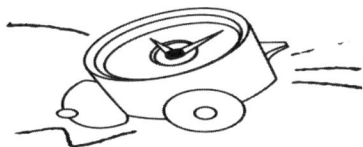

弹性工作制【フレックスタイム制度】

在日资企业,近年来引入弹性工作制的企业正在增加。

所谓弹性工作制是说,例如在一个月约定的工作时间以内,员工每天上班、下班的时间以及一天内工作时间的长短均由个人自己决定。

人员聘用【人員採用】

即我们常说的招聘。日资企业的招聘制度很健全,也很严格。基本程序是递简历、2～3次面试、上司面谈、试用期3～6个月、正式聘用。

一般大专以上学历称为"大卒",进入公司以后都是在管理部门任职,称为"管理者"。

试用期【仮用期】

进入日本公司后,有为期3～6个月的试用期。在试用期内公司人事部为每位新人制定详细的实习计划(実習スケジュール),认真完成实习计划内的规定内容对今后的工作是大有益处的。

加班补贴【残業手当】

日本公司加班多是众所周知的事情。加班时对于加班费用也有明文规定,在中国是严格按照劳动法执行的。如果按比例计算的话,加班补贴金额约占每月收入的三分之一以上,这

对于新进公司的员工来讲也是一比不可缺少的收入。

日本公司还有一个规定就是在管理人员达到一定职位以后,即便加班也没有加班补贴,因为公司认为凡是达到这个职位的工资都是比较高的,作为管理人员对公司也应该有一份感激与奉献。

拼命!

年薪制【年俸制】

以能力及业绩为原则决定一年的工资总额。

工资总额根据个人实绩每年进行重新评价的原则。最近针对日本大企业的管理者引入年薪制的企业在大幅度增加。

上期和下期【上期と下期】

日本企业通常将一个年度分为两期,"上期"是指一年当中的4～9月,"下期"是指10～次年3月。

经济结算也是以两个期进行。员工的职位晋升、薪资升级也是如此。

休假有薪,旷工无薪【休暇は有給、欠勤は無給にもなる】

休假除了周日、节假日等规定的休息外,还有"有給",就是有薪假期,即便是休息日也会拿到工资。

一年之内有薪假期的天数要按各企业的就业规则来定。公司全员享受,这是一种权利。

另一方面,旷工(没有休假而休假)时,公司会从工资中扣除休假的工资。

有薪假期在提交假单时,提出理由要有别于普通休假。

企业实习制度【インターンシップ制度】

学生利用暑假等假期,去企业作为实习生进行短期工作,体验企业现场生活。

对于接收方来讲,有利于确保优秀人才。对于学生来讲,可以利用这一制度,提高实际进行职业体验的意识,了解自己对企业的适应程度。

人事变动【人事異動】
じん じ い どう

公司是一个集中了总务后勤、经理财务、生产管理、质量管理、营业销售等所有部门的大组织。不同的部门、分支,其工作内容也不一样。人事变动就是指在这样的组织内部部门、工作地点、职位的变动。这种变动不是针对某个人进行的,而是面向公司全体员工。时间一般是在年初的春季。

节约经费【経費節減】
けい ひ せつげん

日资企业非常重视勤俭节约,不是光凭嘴上说,而是时时处处要求企业人员做到。例如:文具用品、扫除用品等都是要以旧换新(新品交换);不需要的文件用反面来复印;文件经常以"回覧"的形式下发(只发一份文件,上面写有相关人员名字,依次传看并签字)。经费方面,哪怕是极细小的金额也要每月做账列表,对照结果制定下一步计划。坚持长久确能带来很好的效果。

严守交货期【納期厳守】
のう き げんしゅ

"納期"就是交货期。严格遵守交货期是一个公司保证信誉、树立企业形象、争取更多客户的先决条件。

在日本公司经常会看到,夜已很深,但工厂内仍是灯火通明,不用说是在赶"納期",完不成"納期"将意味着オーダー(订单)减少、赤字(亏损)、リストラ(裁员)、甚至于造成工厂倒闭的严重后果。

交货期限是公司对顾客的承诺。如果不履行约定,顾客就会对公司失去信心,甚至从此再也不买该公司的产品。因此,在约定期限内完成工作任务,是每位员工的责任。

公司创新【社内ベンチャー】

企业为了开辟新事业,新开设的分公司、办事处等具有相当大的权力。可以说是在大企业中形成的组织,它可以发挥员工的挑战精神,锻炼员工的事业意识和独立意识,使他们能够长期留下来为企业服务。

经营内容公开【ディスクロージャー】

企业将经营内容公开。从保护投资者的观点出发,根据证券交易法的相关规定,这是赋予企业的义务。也是インサイダー取引(知情交易)的目的。在日本企业,这一方面被强制要求进行。

三、企业管理类
—— 企業管理

(一)企业管理

牢记4K、1MA【常に4K·1MAの意識】

1)コスト意识(K)

价格意识。哪怕是一张小票、一次复印,其所需的材料、备品、时间、人力都是金钱。

2)改善意识(K)

改革意识。经常去想,有无更轻松、更快捷、更便宜的方法,打破常规。

3)顧客意识(K)

客户优先意识。想着客户、重视客户。

4)協同意识(K)

协同意识。各负其责,大家协同努力达成目标,重视集体的力量。

5)目標意识(M)

到何时以怎样的方法进行什么工作,无论任何工作都要有目标。

6)安全意识(A)

要有工作场所的信息不外泄的意识,还要做好自己的健康管理。

5S是什么?【5Sと言うのは何ですか】

整理、整頓、清潔、清掃、躾

"5S"一词起源于日本,它原是日本企业一种独特的管理方法。1955年,日本"5S"的宣传口号为"安全始于整理整顿,终于整理整顿",当时只是推行了前"2S",其目的仅为了确保作业空间和安全。后因生产控制和品质控制的需要,而逐步提出后续"3S",即"清扫、清洁、修养",从而其应用空间及适用范围进一步拓展。

1986年,首本"5S"著作问世,从而对整个日本现场管理模式起到了冲击作用,并由此掀起"5S"热潮。

日式企业将"5S 运动"作为企业管理的基础,并在此基础上推行各种品质管理手法,使得二战后产品品质得以迅猛提升,奠定了经济大国的地位。"5S"对于塑造企业形象、降低成本、准时交货、安全生产、高度的标准化、创造令人心怡的工作场所等现场改善方面的巨大作用逐渐被各国管理界所认识。

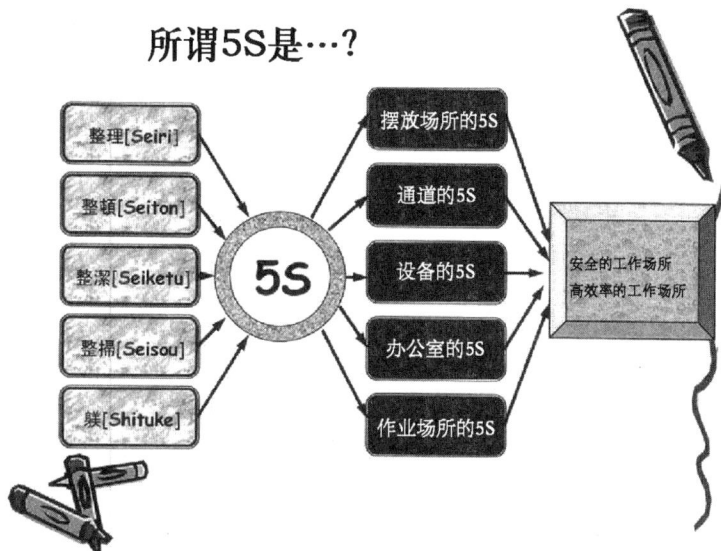

（1）整理是"5S"的大前提,任何事情都从整理开始。区分需要与不需要,不需要的进行处理,尽可能不产生无用之物,斩断其产生源头。

（2）整顿关系到空间的利用、人力时间能否节约。

① 考虑如何在需要之时只取需要数量。

② 备品、零件、产品要正确布局决定位置。

（3）清扫。整洁干净的环境是高质量产品所必须的条件。要去除垃圾脏物、异物,保持干净状态。

（4）清洁对身心都有好处,也关系到提高效率。

（5）"躾"是保持良好习惯。

① 若想改变工厂车间环境,要下决心改变习惯。

② 尽早养成新习惯,还要持之以恒。

5S 的作用【「5S」の役目】

1. 改善和提高企业形象

整齐、清洁的工作环境容易吸引顾客,让顾客有信心;同时,由于口耳相传,会成为其他公司的学习对象。

2. 促成效率的提高

良好的工作环境和工作气氛,有修养的工作伙伴,物品摆放有序,不用寻找,员工可以集中精神工作,工作兴趣高,效率自然会提高。

3. 改善零件在库周转率

整洁的工作环境,有效的保管和布局,彻底进行最低库存量管理,能够做到必要时能立即取出有用的物品。工场车间物流通畅,能够减少甚至消除寻找、滞留的时间,改善零件在库周转率。

4. 降低直至消除故障,保障质量

优良的品质来自优良的工作环境。通过经常性的清扫、点检,不断净化工作环境,避免污物损坏机器,维持设备的高效率,提高品质。

5. 保障企业安全生产

储存明确,物品用过后放归原位,工作场所宽敞明亮,通道畅通,地上不会随意摆放不该放置的物品。

6. 降低生产成本

通过实施"5S"可以减少人员、设备、场所、时间等的浪费,从而降低生产成本。

7. 改善员工精神面貌

5S 能够营造一种"人人积极参与,事事遵守标准"的良好氛围。有了这种氛围,推行质量活动就更容易获得员工的支持和配合,有利于调动员工的积极性,形成强大的推动力。人人都变成有修养的员工,有尊严和成就感,对自己的工作尽心尽力,并带动改善意识,增加组织的活力。

8. 缩短作业周期,确保交货期

由于实施了"一目了然"的管理,使异常现象明显化,减少人员、设备、时间的浪费,生产顺畅,提高了作业效率,缩短了作业周期,从而确保交货期。

"5S"的目标是通过消除组织的浪费现象和推行持续改善使公司管理维持在一个理想的水平。5个 S 并不是各自独立、互不相关的;它们之间是相辅相成、缺一不可的关系。

5S实施后在现场所能得到的效果

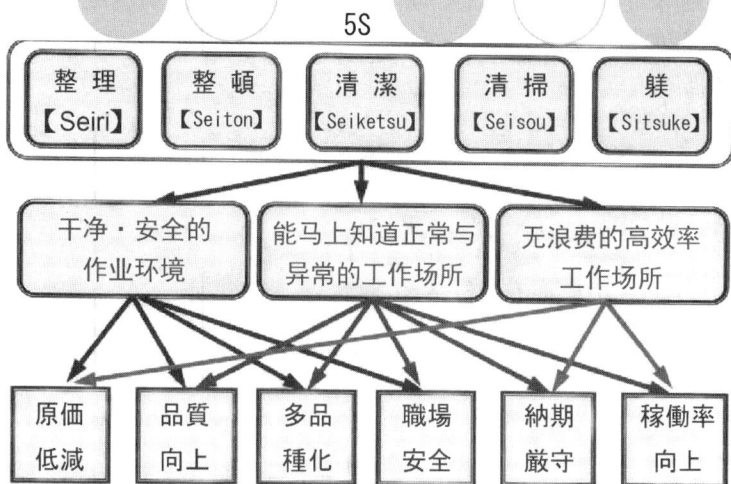

5S

整 理 【Seiri】	整 顿 【Seiton】	清 潔 【Seiketsu】	清 掃 【Seisou】	躾 【Sitsuke】

干净·安全的 作业环境	能马上知道正常与 异常的工作场所	无浪费的高效率 工作场所

原価 低減	品質 向上	多品 種化	職場 安全	納期 厳守	稼働率 向上

干部头脑中的5S【幹部の頭の中の5S】

我们现在要讲的是针对干部、管理者的"5S"。

现代的经营组织过于分散化。分散化造成部门之间的停滞、人心的停滞、信息传达的停滞。所以需要排除横向间的停滞,需要雷厉风行的办事效率和作风。当然每一个经营干部脑子里都有这样的认识,只是没表现在能力上。

$$脑\ \ 力 = 知识 × 创造力$$

不单要具有广泛的知识和解决问题的创新能力,还要有具体的行动力。不然只能叫有脑力的干部。能力的定义是这样的:

$$能力 = 知识 × 创造力 × 行动力$$

也就是说一旦发生问题,立即能利用知识开动脑筋果断行动的能力。无论哪家公司,有脑力的干部大有人在,但是有行动能力的干部就太少了。这种能力也能体现一个公司的经营水平。

对你的头脑进行整理吧!

(1) 整理:因为有不明白上司指令、完全不知道该怎样去做的干部存在,就要对他们的头脑进行整理。

(2) 整顿:不先说结论,而先说经过、理由的干部为多数。要对这样的干部,在报告、传达和打电话方面进行头脑的整顿。

(3) 清扫:在出席电台的难题对答时显得很有知识,但一说到自己的专业就不行了。对这样的干部就是要从他的脑子中清扫废物一样的知识。否则他的脑子中就不会装进对工作有用的知识。

(4) 清洁:盈利是对公司有利的,但是利用异想天开的想法或利用投机等不正当手段赚钱是不行的。生产单位就必须用生产的方法来赚钱。虽不能一概而论,但是作为领导干部,有

必要对头脑中"金钱"的概念进行清洁。

（5）躾：指人的举止言行、礼貌行为等。日本上司通常很少明确地下命令。在指导部下时，也多是示范自己的做法。在日本的商业社会，有"看着上司的脊背成长"的说法。这是因为日本企业中，将"部下主动向上司学习，好的部下会体察上司的意图"视为美德。干部对部下下达命令而自己不做是不行的。

PDCA 循环【PDCA 循環】

管理者天天"救火"，忙得脚不着地、焦头烂额、疲惫不堪；下属的工作永远达不到上司的要求，不是挨批就是返工；老板天天为如何提高管理水平发愁，在各种或先进或时髦或流行的管理模式之间艰难的学习和抉择……其实，我们没有真正理解管理的基本原理和法则，其中管理的系统原理中相对封闭原则就被我们放弃了，而在追逐我们根本就不可能驾驭的所谓先进的管理方法。

「PDCA 循環」是针对任何管理的一种工作方法。这是产品质量得以改善的有效途径，也是确保产品质量的关键所在。PDCA 循环工作法就是管理系统原理中相对封闭原则的实际应用方法。

PDCA 循环的由来【PDCA 循環の由来】

PDCA 循环是一种科学的工作程序，最早由美国贝尔实验室的休哈特博士提出，后经戴明博士在日本推广应用。所以又称为"戴明环"。

PDCA 循环-改善提升，是产品质量控制的一个原则，它不仅能控制产品质量管理的过程，它同样可以有效控制工作质量和管理质量。

1. PDCA 循环的四个阶段

（1）制定周到的计划（Plan）↓

（2）积极地加以实施（Do）↓

（3）实施过程中检查有无出现问题（Check）↓

（4）针对检查出的问题加以修正和改善（Action）↓

2. 制定计划的五个步骤

（1）抓住目标。

（2）收集现实情报。

（3）讨论现实情报。

（4）制定计划草案。

（5）对方案内容进行推敲，制定最终方案。

3. PDCA 循环的特点

（1）周而复始。

（2）大环带动小环。

（3）阶梯式上升。

企业六要素【企業六要素】

最初，日本企业是以三个要素 Q（quality：品质）、C（cost：成本）、D（delivery：交货期）作为企业管理的重要理念推广和应用的，随着管理水平的不断提高和管理技术的不断发展，日本企业在原有三要素的基础上又增加了三个要素 S（service：服务）、T（technology：技术）、M（management：管理），就成了现在的"企业六要素"。

有效达成 Q、C、D、S、T、M 六大要素的最佳状态，是实现企业的经营方针和目标管理的基础。

Q（品質——品质）：指产品的性能价格比的高低，是产品固有的特性。好的产品质量是顾客信赖的基础，确保生产过程的秩序化、规范化，为好质量打下坚实的基础。

C（コスト——成本）：随着产品的成熟，成本趋向稳定。相同的质量下，谁的成本越低，谁的产品竞争力就越强，谁就有生存下去的可能。因此，企业会想尽一切办法减低各种浪费，提高效率，从而达到成本最优化。

D（納期——交货期）：为适应社会需要，大批量生产已转为个性化生产（多品种少批量生产），只有弹性、机动灵活的生产方式才能适应交货期需要。

S（サービス——服务）：众所周知，服务是赢得客源的重要手段。提高员工的敬业精神和工作乐趣，使他们乐意为客人提供优质服务。提高行政效率，减少无谓的确认业务，可以让客人感到快捷和方便，提高客户满意度。

T（技術——技术）：未来的竞争是科技的竞争，谁能掌握高新技术，谁就更具备竞争力。通过标准化优化技术，积累技术，减少开发成本，加快开发速度。

M（管理）：管理是一个广义的范畴，狭义可分为对人员的管理、对设备、材料、方法的管理四种。只有通过科学化、效能化管理，才能达到人员、设备、材料、方法的最优化，取得综合利润最大化。

告示板管理【看板管理】

日本企业大到总经理办公室，小到车间，多处都配置有看板（揭示板），管理非常严格。揭示板的内容有通知、管理数据、欢迎标语等，都有时限要求。

无论是哪一种内容，一旦公布出来就一定要注意其时间期限，绝不能出现过期的内容还贴在那里的现象。

零在库【ゼロ在庫】

"ゼロ在庫"与"無在庫管理"是同义词。

对于一个企业或工厂来说,如果产品生产得过多,就需要场地存放、需要人员管理,资金也不能有效地周转。所以一个好的公司、好的生产管理部门,一定要根据订单计划做多少,再按计划出多少。不需要、也不允许有多的在库闲置在那里,浪费人力物力。

盘点【棚卸し】

日本公司的重要工作内容之一。分大的"棚卸し"和小的"棚卸し"。大的盘点是在每一期的期末进行。大到固定资产,小到部件都要查点数目、记录在账。

小的盘点一般在每月的30号进行。主要是对所有在库、在线产品、零件数量进行清点。

对盘点中出现的问题,如丢失损坏、数目不清等按公司要求进行相应处理。在盘点过程中各部门各负其责,不得马虎。

质量【品質】

企业运营千头万绪,管理与质量是永远不变的主题。实行优质管理、创造最大的利润和社会效益是企业永恒的目标,这其中质量是重中之重。

> 质量保证(品質保証 Quality Assurance)

为使人们确信某产品能满足质量要求,在质量体系内实施、按需要进行验证的全部有计划的活动。

> 质量控制(品質コントロールQuality Control)

为达到质量要求而采取的作业技术和相关活动。

> 质量方针(品質方針 Quality Policy)

由组织的最高管理者正式颁布的该组织总的质量宗旨、产品质量方向。

> 质量管理(品質管理 Quality Management)

指确定质量方针、目标和职责,并在质量体系中通过诸如质量策划、质量控制、质量保证和质量改进等全部管理职能的活动。

> 质量体系(品質システムQuality System)

为实施质量管理所需要的组织结构、程序、过程资源。

质量管理【QC】

在日本工业规格(JIS)中,品质管理是这样定义的:「買い手の要求にあった品物、また

はサービスを作り出すための手段の体系」(为给买主提供满意的产品和服务而制定的方法、手段)，即为客户提供所期待的好的产品、好的服务所应用的手段、方法的所有组合就是质量管理。它取自英语「Quality Control」(质量管理)的头字母，QC 一词便由此得来。

全面质量管理【TQC】

TQC(Total Quality Control)的目标是设定全公司范围产品质量目标，通过对其管理提高从开发到售后服务一条龙服务质量，力求加强企业自身的竞争能力。特点是"全"，全过程、全公司、全员性的「全会社的品质管理」。此时，由企业考虑决定是将重点放在产品的质量上，还是放在产品原价上，或是交货期上。

值得注意的是，质量 Q(quality)、成本 C(cost)、交货期 D(delivery)三者是一体不可分的。

推理统计学【SQC】

SQC(Statistical Quality Control)，其中的 QC 也称"推理统计学"。它是一种将产品质量当中的不确定、不准确因素以定量方式加以表示的认识方法。这一方法中主要有「抜き取り検査」(抽样检查)、「管理図」、「実験計画法」三种方法。这是科学地开展 TQC 管理活动不可缺少的工具。

质量小组【QCサークル】

为推进 TQC 活动(全面质量管理)而由员工自主组成的组织，叫作 QC 质量小组。

它是由10人左右组成的小团体，将日常工作中的问题找出来，追查原因，制订改善对策。质量教育是 QC 小组活动有效开展的重要基础。质量意识教育能够增强职工的问题意识、改进意识，进而保证产品能持续地满足顾客需求。

QC 小组是企业员工围绕企业经营战略、方针目标和现场存在的问题，以改进质量、降低消耗、运用管理的理论和方法开展活动的小组。多年来的实践证明，QC 小组活动是企业提高工作质量、服务质量、提高职工素质、发挥职工聪明才智、满足职工实现自身价值、提高企业市场竞争力的有效途径。

抽检【抜き取り検査】

不管日本企业也好、中国企业也好。对于所生产的产品一般都采用抽检方式进行质量检

查,抽检数量因产品而定。

日本公司的检查制度较为严格,通常使用国际通用规格 PPM 检查标准。例如:以电子部件公司为例,产品检查结果用 ppm 表示,意思是100万分之一,就是说一百万个当中只允许一个以下的不良品出现。由此可见,日本公司对产品质量的要求是非常之严格的。

质量月【品質月間】

每年的11月份,日本企业都会开展这一活动,即我们常说的产品质量月。

这一活动自1960年(昭和35年)开始实施,要求全员参加,活动月期间人人佩带黄色印有"品质月间"字样的袖标。活动内容包括围绕自己生产的产品质量进行宣传,以论文、标语、漫画等形式提出作品,由包括日本人在内的管理人员组成评选小组对此加以评判、选出优秀作品公示并颁发证书和奖金。从海外各公司选出优胜者,到日本参加总公司召开的"発表大会"。

戴明奖【デミング賞】

取自美国人 W·E 戴明博士的名字,他竭力将「QC」质量概念引入日本并取得巨大成效。

戴明奖是为纪念这位博士的好意和业绩在1951年创立的一个奖项,奖励那些在质量管理理论和应用研究、普及方面做出巨大成绩的人们。共设有「本賞」(主奖)、「実施賞」(实施奖)、「実施賞中小企業賞」(实施奖中小企业奖)等五个奖项。在每年的11月,从世界范围内,在「QC」质量月活动中选拔出优秀项目和项目负责人,集中在日本举行盛大的发表和颁奖仪式。

ISO 9000系列【ISO 9000シリーズ】

这是关于质量管理和质量保证的国际规格。

人们在购买商品时都希望买到放心的、质量好的东西,而质量好坏不是由某一个人或某一个公司说了算的,人们希望通过公正的第三者认证机构承认,并使第三者认证机构与生产国制定的质量规格标准相一致,这个第三者认证机构就是国际标准化机构。

国际标准化机构制定的产品质量管理和质量保证的相关规格,统称为 ISO 9000系列。

☆ ISO 9000系列结构【ISO 9000シリーズ構成】

ISO 9000-1	质量管理和质量保证规格 ——选择及使用指南
ISO 9001	质量体系 设计、开发、制造、安装及售后服务方面的质量保证模式
ISO 9002	质量体系 制造、安装及售后服务方面的质量保证模式
ISO 9003	质量体系 最终检查、测试方面的质量保证模式
ISO 9004-1	质量管理及质量保证体系要素——指南

☆ ISO 9000系列相互关系【ISO 9000シリーズ相互関係】

ISO 9001	ISO 9002	ISO 9003	ISO 9004-1
设计			
开发			
制造	制造		
安装	安装		
售后服务	售后服务		
最终检查·测试	最终检查·测试	最终检查·测试	内部质量保证

安全第一【安全第一】

日本是岛国,有着岛国特有的文化属性,突出表现在安全意识强方面。日本企业认为安全管理是企业的第一管理要项。

作为日本企业的一名管理,一定要有这样的思想意识:没有一个工作地点是绝对安全的。因此,每个员工都一定要具备安全知识。

教育你的员工们,时时检查自己的工作地点,一旦发现任何危险,必须及时向上司报告,采取相应行动。

重视安全要点【「安全第一」要点】

1. 时刻都集中精神

切勿因为自己熟悉机器而掉以轻心,否则可能引起意外。

2. 遵守基本规定

应该遵守工作环境内的基本安全规则。

3. 保持身体健康

身体疲惫也可能造成意外。

在工厂里,必须格外注重安全,防止意外发生。为了井然有序地组织安全生产,制定规定是必要的。只要人人遵守规定,工作便能顺利展开。

任何群体,包括公司在内,成员之间都必须既有区别又有协作。如果人人只根据自己的喜好判断事情轻重,公司就无法有组织运作。任何公司员工,都必须受公司规定的约束。

规定并非为了约束员工自由而定,而是事关公司存亡。遵守规定应是一种处世态度,它能让我们舒舒服服地工作。条例的拟定和实施,正是为了达到这个目的。

安全五心得【安全のための五つの心得】

(1)遵守规定好的安全卫生标准、作业标准等社会标准进行作业。

(2)认真训练、掌握从上司、前辈那里学到的本领。

(3)遇有不懂请教上司和前辈。

(4)不能顺利展开作业时,要重新学一遍方法和要领。

(5)不能因为没时间了就胡乱去做。

日本企业安全标语【日本企業の安全スロガン】

(1)無事故での帰りを待ってる家の人。

(2)「こんなもんか」はミスの元、積もり積もって事故の元。

(3)今日も元気に安全作業。

(4)小さな危険が大きな事故に、作業の確認、忘れずに。

(5)安全は、一人一人が責任者。

(6)自己管理は事故防止。

(7)安全第一、仕事はその次。

(8)父帰る元気な姿に子供の笑顔、今日も一日ありがとう。

(9)安全は目から耳から心から。

(10)油断一秒、怪我一生！！

（二）管理者必备

好的管理者【いい管理者とは】

好的管理者需要具备各项基本管理技能。从理论、技能与经验三个维度全方位提升管理人员素质。目的是在最短的时间迅速理解、掌握实用的管理技能、提升管理绩效、促使其转变观念达到改变行为的目标，组建一个高效团队，实现组织效率的最大化从而达成提升公司整体运营能力、增强市场竞争力的目的。

企业管理是一个系统工程，注重综合能力的均衡发展，因而在管理技术上也要注重系统性的学习和掌握。对企业来说，企业管理若不能带来企业管理行为的改变，是没有任何意义的。管理技能是动手能力、实战能力，不能用于企业管理实践的方法是无效的。

管理者的能力【管理者の能力】

（1）目标追求能力
（2）解决问题能力、洞察力
（3）自制力
（4）履行约定的能力
（5）影响力

清楚上司所期待的事项，努力去完成。对待上级、部门之间的态度，特别是如何满足直属上司这一方面至为重要。作为上司要了解部下的烦恼、苦衷，适时地给予帮助和解决。

管理者的一天【管理者の一日】

（1）工作开始前10分钟到达岗位。
（2）确认一天的工作计划。
（3）热情问候"早上好"。
（4）计划第二天工作。
（5）下班前整理桌子。
（6）先离开时与尚未离开的人打招呼。
（7）最后检查电器情况确认一天的工作计划。

3现3立刻3彻底【3現、3即、3徹】

三现主义【三現主義:現地、現物、現時】
現地:亲自到现场去看。
現物:亲自接触实物。

现时：亲自了解现实情况。

在日本企业有这样一句话"干部应一天洗两次手（8小时工作时间内，不包括吃饭和上厕所）"，意思是说作为管理者不能每天坐在办公室里、对下面的事不闻不问，而是要每天至少深入现场、车间两次去了解情况。对公司而言，现场是实现价值的场所，非常重要。因此有了"高高在上三个月也未弄懂的问题，深入基层三天便马上明了"的说法。这是教我们透过现场看公司的一句格言，也是对现场、现物、现时"三现主义"的恰当解释。

三即（三即：即座、即時、即応で行動せよ。）

（马上、不拖拉、随机应变采取行动。）

三彻（徹頭、徹尾、徹底でこだわれ。）

（从开始到结束彻彻底底不留尾巴。）

在实际工作中，对自己分内的事情、上司交代的工作等要做到招之即来，来之能做，做了之后能见到好的效果，并将其结果向上司汇报。因此要求管理人员要从思想上重视"3现、3即、3彻"。

管理者对部下的培养【管理者は若者に対するやり方】

（1）训练他们。

（2）打电话方法。

（3）着装。

（4）名片的递法。

（5）自我介绍的方法。

（6）语言表现。

（7）对命令、号令、训令的执行方法。

（8）确认方法，指报告、传达、确认的简单化。

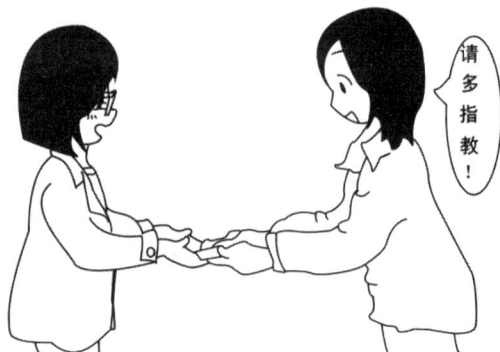

（9）养成从结论说起的习惯。

（10）A4纸张报告写法。

（11）迅速传达法。

（12）确认方法不单只用脑力更要发挥能力，即解决、命令、行动、确认的能力。

以身作则【身をもって範を示す】

做给他看，说给他听，让他尝试，给他鼓励；若不能给予赞美，人是不会主动做的。【やってみせ　言って聞かせて　させてみて　褒めてやらねば人は動かじ。】

日本企业的干部就是以此作为行动方针和导向，强调以身作则的重要性。

「双50％」理论【二つの50％】

企业的中高层管理者如何才能在工作中各尽其职、各尽所能，达成企业的经营目标呢？

管理学上有一个著名的「双50％」理论，即经理人50％以上的时间用在了沟通上，如开会、谈判、指示、评估。另一个50％则用于具体工作。因为工作中50％以上的障碍都是在沟通中产生的。一个沟通不好的经理人，你能寄希望他领导好下属吗？

所谓领导并不是说被任命或坐在某个位置上就行，背后不服气的人多的是，只有在具备了号召力、影响力之后，才能够让别人心悦诚服地追随，这样才是好的领导。

（三）工作方法

5W3H 是工作的武器【5W3Hは仕事の武器だ】

如果你找不出工作中哪方面需要改进，其中一个原因可能是你本来就不认为有改进的必要，这是不对的。要知道工作哪里能改进，最好是针对每一件事问问"为什么"。

举个简单的例子：如果在工作的过程中手指开始疼痛，先问问自己，"为什么我的手指会疼？"然后问："怎样避免我的手指受伤？"你这就踏上工作改进的第一步了。这也说明针对每一件事问"为什么"的重要性。

在决定了工作改进目标之后，如果不知道从何着手、怎么开始，5个"W"和2个"H"能帮你找到起点。

Who	誰が/誰と（担当、分担、顧客） →谁？	责任者、担当者。应该由谁做？ 为什么应该由那个人做？
What	何を（目的、目標） →什么？	问题、疑问。应该做些什么？ 为什么应该那样做？
Why	なぜ/何のために（仕事の重要性） →为什么？	理由、原因。为什么有必要？
Where	どこで（場所、行き先）どこへ（行くのか） →哪里？	场所、部门、工程。应该在什么地方做？为什么应该在那里做？
When	いつ（期限、約束の時間） →何时？	期限、时间。应该在什么时候做？ 为什么应该在那个时候做？
How	どのようにして（方法、手段、仕上げ方） →怎样做？	对策。应该怎么做？为什么应该那样做？
How much	いくらで（費用、原価意識） →金額	经费、损耗、预算、原价。应该怎样算？为什么应该那样算？
How many	いくつで（数量）→数量	清楚一定数量为下一步的计划做好基础工作。

工作顺利进展的流程【仕事の進め方のルール】

工作最基本要求是遵从指示、命令开始，以报告完成为结束。
下面是一般的工作流程。

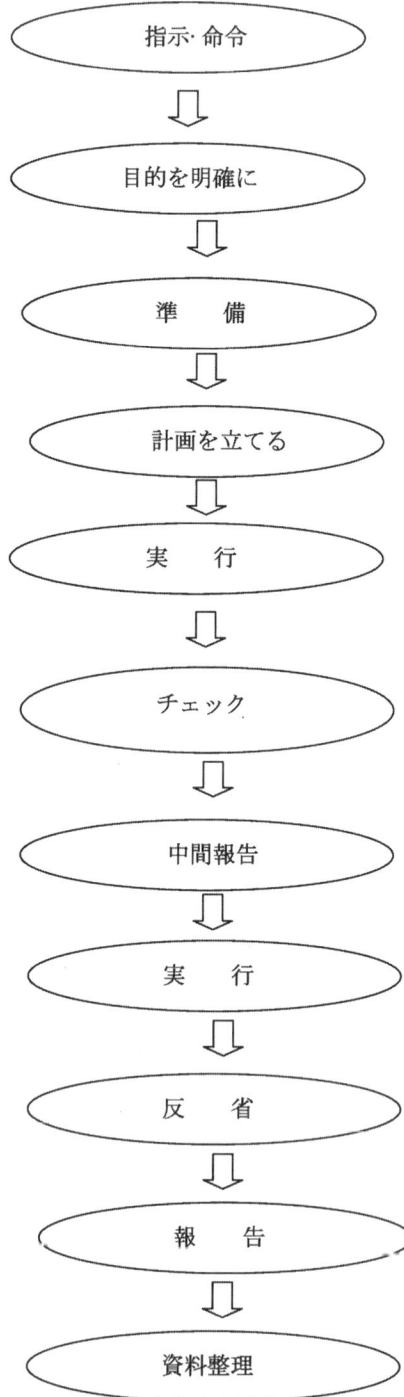

$$指示・命令$$

⇩

$$目的を明確に$$

⇩

$$準\quad 備$$

⇩

$$計画を立てる$$

⇩

$$実\quad 行$$

⇩

$$チェック$$

⇩

$$中間報告$$

⇩

$$実\quad 行$$

⇩

$$反\quad 省$$

⇩

$$報\quad 告$$

⇩

$$資料整理$$

有效的四个工作方法【仕事中の有効的な四つの方法】

1. 删除法（キャンセル法）

想想是不是每样东西都是不可缺的?应用5个"W"和1个"H",想想"为什么"和"什么"等问题,也许就能发现它们"是不是必要的",如果不是,把它们删除掉。

2. 综合法（総合法）

想想工作是不是能结合为一。以往在不同时间做的两件事,现在是否可以在同一段时间内做好。以往在不同地点做的事,现在是否可以在同一个地点做。甚至以往由两个人做的事,现在是否也可以改由一个人做。如果可行的话,等待的时间和往来搬运的工夫都能减少。

3. 改变法（手直し法）

想想能不能改变些什么。改变工作程序、地点或工作方法等,也是寻求工作改进新途径的方法。

4. 简化法（簡単化）

想想是不是能简化。问问自己该"怎么做",是个有效的途径。作为公司的管理者,平时就要把这"5W2H"记在脑子里。如果能够做到经常带着这些疑问去工作和处理问题,将会得到事半功倍的效果。

报告、联系、商量【報連相】

"報告·連絡·相談"这三个词的第一个字组成了"ほうれんそう",在日语中因与"菠菜"谐音,在日本企业中被称为"菠菜守则"。合理利用"菠菜守则",有助于工作的顺利开展和解决难题。

工作中最重要的是能否与上级、前辈、客户等周围的人礼貌地交流,这就需要报告、联系、商量和确认相结合,也就是日本企业里常说的"菠菜守则"。通过及时的联络和汇报,上司才能及时地判断,从而做出正确的决策。从下属的角度来说,及时的联络和报告会让上司有机会指正你的错误,从而提高工作效率。

"菠菜守则"的基本要点【ほうれんそうのポイント】

（1）尽早、仔细;

（2）不利情况更要尽早传达;

（3）陈述时要事先将事实整理清楚,并先谈结论;

（4）适时适当地加入自己的意见。

如何得体地汇报【報告】

主动汇报、先说结论。

（1）主动汇报，不要等人催促；

（2）汇报时先说结论、再谈原因、经过；

（3）以事实为基础、灵活使用5W2H，陈述具体、简洁；

（4）耗时长、复杂的工作要加入中途汇报；

（5）未能按计划进行时要及早汇报；

（6）出现问题、错误时要及时汇报。

联络【連絡】

联络和汇报的性质接近，都是陈述事实。一般来说，对上级汇报、对平级联络。要注意第一时间联络、不得延误。

如何做好联络工作【上手な連絡の仕方】

（1）用5W2H 具体把握和传达联络的内容；

（2）最好用书面的方式归纳好联络事项；

（3）尽量直接通知当事人；

（4）拜托中间人传达时，一定要确认中间人的姓名；

（5）需要对方答复时，要清楚地告知对方什么时候、用何种方式答复给谁。

商量【相談】

工作中遇到困难时不要独自面对，应该听取上司或前辈的意见、建议。这就是日语中的"相談"（商量）。

商量的基本原则【相談の基本ルール】

（1）不要独自烦恼；

（2）明确到底要谈什么；

（3）与分配工作的人，也就是上司谈谈自己的困扰；

（4）寻找合适的时机；

（5）不要强求完美的答案。

☆ 商量的三种形式【相談の三つのケース】

（1）寻求上司的意见；

（2）"拜托型"：为了让自己的想法比较容易被接受而事先与对方沟通，拜托对方；

（3）与其他成员商讨、寻找更好的解决办法。

☆ 如何与人商量【上手な相談の仕方】

（1）如实传达前提条件，以便对方做出准确的判断；

（2）自己也要准备好相应的解决方案；

（3）"拜托型"的商量尤其需要坚持，要不断地尝试；

（4）事后一定要向对方报告该问题的最后结果。

四、新人成长类
——新人の成長

作为社会人的心理准备【社会人としての心構えも大切】

一个人的举止言行、礼节礼貌非常重要，它需要具备作为一个社会人的思想觉悟。

可以归纳为下面五个方面：

1. 要有内行的思想意识

公司内你是新人，但对公司以外的人来说你是这公司的出色一员。不能老认为自己是新人。

2. 与前辈接触时要怀有敬意

即便是关系亲密的前辈，在公司里也要把握尺度，不能忘记礼节。

3. 不懂的要大胆提问

新人在工作上有不懂的也很自然，似懂非懂、自以为是会给工作带来很大的失误。

4. 禁止公私混同

公司是工作的场所，在工作中闲聊、煲电话粥等是不允许的。工作时间内要集中精力。

5. 对自己的行为负责

跟从前辈学习只是一段时间的事情，自己独立工作后要对自己的行为负责。遇到失败要敢于承认，不能找托词、推卸责任。在日本上司看来，对部下工作过程的管理是对部下的关心，同时也是上司负责任的表现。因为在日资企业中，部下的失误是由上司负责的，不肯替部下承担责任的上司被日本社会认为是可耻的人。因此，对部下负责，管理其工作过程是日资企业的普遍做法。

日本人重视的是"靠集体的力量工作"，因而日常的"汇报、联系、商量"必不可少。他们认

为："部下会借助上司的力量,通过与相关人员频繁地交换信息使相互之间的价值观和思维方式趋于一致";"统一认识,加强团队精神"。

所以,在日资企业,只要能够切实做好日常业务,经常"汇报、联系、商量"、能够与他人共享自己的信息,拥有良好的人际关系和协调能力,并且站在集体的立场上思考问题的人就会得到上司的信任和好评。而没有责任感、工作马马虎虎、任性的态度是不会得到信任的。

新职员3条心得【新入社员の心得3カ条】

第一条:早出勤、笑脸相迎。对培育自己的上司、前辈行礼。

第二条:明确回答、快速行动。以敏捷、快速显出自己的青春活力。

第三条:无论何事都要尽自己的一份力!即便是工作以外的事也要不遗余力去做。

石头上面坐三年【石にも三年】

经过了千辛万苦终于找到了工作。真正投入工作之后你会发现,这只是万里长征的第一步。

不要经常想那些工作上的不顺利,不要动辄就想着"跳槽",因为去到哪里都要从头开始,何不就在一个地方坚持下来呢?

找出对自己有利的方面,想出办法去改变,行动也就会随之改变,结果自然也会改变。那样,你的人生一定会丰富而有内涵。

实现梦想的三个好习惯【夢を実現するための三つのよい習慣】

所谓习惯就是「繰り返し行うこと」(反复进行的事情)。可是平时对自己有何种习惯是不太意识得到的。

我们每个人都会有自己的梦想,那么能否实现自己的人生梦想就在于是否养成良好习惯。因为在反复进行的过程当中,成就了想要的自己。那么,习惯是怎样养成的呢?

习惯是由①知識(知识→做什么?为什么?)②スキル(技能→怎样做?)③やる気(想法→干劲)三部分组成的。无论缺少哪一个方面都不能成就良好习惯。

积极努力的员工【積極的な社員とは】

在公司里,有头有脑、事业成功的人多数是具有独创的思维能力才取得人生业绩的。这种独创性不是一朝一夕所能养成和掌握的,但这却是非常重要的。从今天起,为了提高你的创造性,有意识地行动吧。

(1)学习培养独创性。

（2）磨练交际能力。

（3）做事要有目标。

（4）要时刻保持学习之心。

（5）养成内行意识。

（6）行动时要有挑战精神。

（7）你的能力也适用于公司以外。

（8）构筑良好的人际关系。

（9）要有奉献社会之精神。

（10）遇事要有长远的眼光。

（11）做好健康管理。

获得上司、前辈好感的10条【上司、先輩から好感を持たれる10カ条】

第1条：要与工作环境内所有人无障碍接触。

第2条：常记面带笑容与人招呼。

第3条：虚心听取上司、前辈的教诲。

第4条：杂事面前不牢骚、不厌烦。

第5条：对工作要有责任感。

第6条：遇有不懂之事谦虚请教。

第7条：受到批评时也要保持豁达态度。

第8条：注意相同的失败不可以重复出现。

第9条：常有与人、与事感恩之心。

第10条：分清公与私。

聪明挨骂法【上手な叱られ方】

做错事挨批评的确是件令人讨厌的事,训人的人也不见得就心情好,反正都是要挨骂的了,何不就……

1. 首先要诚恳道歉

不要"可是""但是"地找托词,不管怎样都要诚实地道歉"对不起"。

2. 要知道训斥人也是上司的工作

上司是因为想让你快速成长才指出你的缺点,督促你反省的。这也是对部下进行指导的内容之一,一定要诚恳接受。

3. 要认真地听

不要有左顾右盼、看手表等反感表现,而要脚并拢、站直,不要低头弯腰。

4. 不要记仇

反省就要爽快接受、认真去做,要意识到上司是在帮助自己,增加彼此间的信赖。

借智慧【お知恵拝借】

公司方面倾听员工们的意见、想法,尊重他们的建议和意见。如果有员工拿出好的"アイデア"或是"発想",公司会给予奖励和提级、提薪。

借智慧的三个目的【お知恵拝借の三つの目的】

(1) 发挥员工们的创造欲望。

(2) 促进工作改进。

(3) 提高经营效率。

优先顺序8：2法则【優先順序8：2法則】

在全部的工作中,如果最重要的工作完成了20%的话,就可以说是完成了工作的80%了。这是以提高工作效率的经验法则为前提的思考方法。

人一想到「全部的工作必须今天内做完」就不由得焦躁起来。但如果知道这个法则,要做的即便有10项工作,如能按照优先顺序去考虑,即便是有额外的工作内容增加的情况出现,只要能正确判断优先顺序,考虑到自己的重要工作已完成20%,就无须过多担心工作完成不了了。这样的工作方法非常有效。

成功的交际法【成功の交際術】

(1) 笑容常有→开朗的笑容可以让人打开心扉。

(2) 称呼职务或名字→更有亲近感。

(3) 不要喋喋不休→会听才会赢。

(4) 避开争论→难为对方只能惹人反感。

(5) 多去赞美→它有启发自尊心的效果。

(6) 切勿自吹自擂→只会刺激他人产生自卑。

(7) 虚心承认过错→诚实谢罪道歉。

(8) 多去感谢吧→没有人因为被感谢而大发脾气的。

商务人士着装必备【ビジネスマンの身だしなみ】

(1) 整洁干净。(清潔)

(2) 有品位。(上品)

(3) 考虑时间场合。(時、場所、状況、場合)

(4) 整体搭配协调。(全体に調和)

(5) 易于开展工作。(働きやすい)

时间管理【時間管理】

「30分くらいは大丈夫」(就半个钟头没关系的),等你回到公司,约好与你谈生意的客户一脸怒气地坐在那里等着你呢。客人走后,你被上司叫去,受到了严厉的批评。

如果你不想要这样的结果出现,那就养成遵守时间的习惯吧。做不好「時間管理」的人,会被看作缺乏责任感、规律性、协调性,这对公司员工来说是很严重的问题。

如有初犯,对于上司的批评要诚恳道歉。不要找托词,讲的托词越多,对你的评价就会越低。"言い訳が要らない"(不需要托词)。

身体语言【ボディーランゲージとは】

人在撒谎的时候往往会出现用手不停摸脸、扭动身体等动作。当人们想知道对方是否说真话时,不仅注意他的语言,也会格外注意他的动作。

对新员工来讲,屡屡表现出没有自信的样子,最初是可以被人理解的,但长久持续是不行的。对于布置给自己的工作要认真投入,注意做到不卑不亢、热心对待。

吸烟须知【喫煙のルール】

(1) 考虑吸烟场所。

(2) 注意吐烟方向。

(3) 注意放置未吸完的烟。

(4) 注意烟头。

(5) 不要边走边吸。

(6) 外出时清理好烟灰缸。

(7) 开会中不要带头吸烟。

问候5原则【あいさつ5原則】

(1) 问候要让对方听得到,清楚发音。

(2) 目视对方问候。

(3) 并非单纯地例行公事,要用心去做。

(4) 无论对谁都要问候。

(5) 走廊里擦肩而过时要点头示意。

基本问候语10句【基本あいさつ言葉10】

(1) おはようございます→早上好

(2) こんにちは→中午好

(3) いってらっしゃい→您走好

(4) お帰りなさい→你回来了

(5) 行ってまいります→我走了

(6) ただいま帰りました→我回来了

(7) お先に失礼いたします→对不起我先走了

(8) お疲れ様でした→您辛苦了

(9) ありがとうございます→谢谢

(10) 申し訳ございません→对不起

创造良好的人际关系【上手な人間関係を作れる】

(1) 见面要打招呼。

(2) 遵守约定。

(3) 多站在对方立场,倾听对方讲话。

(4) 注意金钱借贷,公平交往。

人际关系不佳的人【上手な人間関係を作れない？】

人际关系不佳的人通常为以下几种:

(1) 公私不分的人。

(2) 逃避责任、满嘴理由的人。

(3) 听信谣传、背地说坏话的人。

(4) 爱撒谎、谄媚的人。

(5) 当面羞辱人的人。

(6) 不讲道义的人。

办公桌整理整顿三原则【机の整理·整頓の3大原则】

(1) 桌子上、抽屉里经常整理。

(2) 茶水印儿、橡皮擦屑有无弄脏桌子。

(3) 不马上用的书籍归档保管。

活用记事本【手帳活用術】

"手帳"(记事本)是记入了各种数据的、伴随你工作的好伙伴。

在日资企业工作,公司在每年的10月左右,都会发给管理人员一本"手帐"。款式轻便、方便记录和携带。不要小瞧它的作用,它会帮助养成有计划、有条理做事的良好习惯。

活用便笺纸【ポストイット活用法】

写出一天中该做的事情,在判断哪一项重要时,利用"贴小便条"的方法是非常方便的。它与直接写在本子上不同,因为它可以自由自在地替换和改变内容,也可随意贴在自己随时都能看到的地方。

文件整理法【押し出しファイリング】

日本一位叫野口的人发明出来的一种档案整理方法。指文书资料不是按内容分类,而是按照文书资料的时间排列,就是在书架、桌子的一个角落、总之确保一个固定区域,把写好日期和内容的信封从左向右按顺序排放好。之后新增加的资料、拿出来的文书等再由左端放回去。使用频率少的资料便会推向右边放。

比起分类摆放,这是按收纳优先次序来做的。这是一种比较依靠个人记忆进行资料整理的方法,可以说是较为有效的档案整理法。

在日本公司看来无论是时间还是空间都是资源,资源就要有原价(价格),希望公司所有人都能明白这个道理。

商业信息的收集和整理【ビジネス情報の収集と整理】

对商务工作来讲成功地收集、整理、选取信息可以说是商务工作的关键所在。

交易方、竞争对手的企业信息、为开发所需的产品信息、时代的经济动向、消费信息等都是与直接业务相联系的。更确切地说,用于为磨练"社会人"应具有的知性、感性方面的信息也必须要广泛地收集。开始时以某一程度和目的为指向制定目标,再阶段性地正确收集信息比较有效。

收集信息的方法
•新聞——收集社会一般常识
•雑誌、専門誌——接收流行情报
•書籍——收集专业知识
•テレビ/ラジオ——
若能利用录像录音将是最有利的情报资料
•インターネット/パソコン通信/電子メール・ファックス

收集信息的场所

· 図書館 · 博物館——图书馆、博物馆
· 官庁 · 役所——政府机关
· マスコミ——大众传媒
· 各業界団体——各行业
· セミナーや講演会——研讨会或演讲会

信息整理必备【情報整理のコツ】

有效收集所需信息并运用到工作中去吧。

（1）不要过细分类分项。

（2）切记写上日期及来源。

（3）除去剪裁下来的报纸、杂志外,尽量统一格式及尺寸。

（4）制定丢弃标准。

（5）裁下、保留还是丢弃,无法决定时先留着。

（6）信息适用于两个分类项目时,要复印两份或在一处添加说明。

（7）对于竞争对手的产品说明,应按企业设分类标题,按"あいうえお"的顺序排列,以方便查找。

（8）收取名片的日期和当时的重要事件要简单记录并做好记号。

（9）在文件夹、分类盒中醒目地贴上标签,以便需要时马上可以找到。

（10）在规定地点长期保管。

客户投诉与退货【社外クレームと返品】

客户在购买某公司产品后,在发现质量问题时会向生产厂家发出书面报告或电话投诉,随后还会将问题品寄到生产厂家。

生产厂家在收到书面投诉后应立即组织相关部门负责人商量讨论如何解决,并及时给予客户回答并道歉。对退货的产品进行解体分析,找出问题所在,改进产品质量。

问题投诉处理原则【トラブル · クレーム処理の原則】

（1）立刻打电话或是赶过去,放置越久、问题就会越大、越难解决。首先要表示出你的诚意来。

（2）倾听对方的辩解,把握投诉内容和现状。

（3）真诚道歉——「申し訳ありません」,推卸责任、找托词只能使事情难办。拿出坦然面对不满、意见的勇气来。

（4）拿出尽可能的解决对策来，但是在难于判断时说「帰って上司と相談します」（我要回去和上司商量一下才能回答您）为好。逃避责任的约定只能招致信任危机。

（5）说声「お知らせくださりありがとうございました」（谢谢您能通知我们），尽早履行约定，并一定要记得将结果告知对方。

汇报、总结的写法【報告書·レポートの基本】

（1）要写什么，写清题目。

（2）分出条目，易看易懂。

（3）先说结论。

（4）内容短而精。

（5）特别注意公司名、数字等。

（6）写好后请务必读一读。

作为集体的一员，如果不能很好地理解这个集体的特征、上司的工作方式、沟通的方法和思维惯例，就容易与上司之间发生摩擦，不能愉快地工作。

日本人与中国人有着相似的面孔，因此很多人误以为双方有着相同的思维方式和价值观。实际上，日本人和中国人之间有很多不同之处，因此一起工作的时候，相互理解是非常重要的。大家在日资企业工作，需要理解这类企业的特征和价值观。

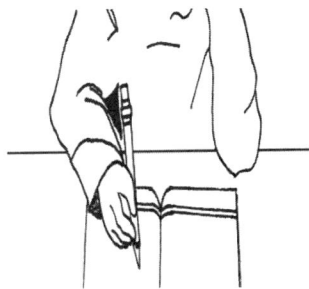

如何做好翻译？【いい翻訳としては】

1. 良好的语言功底

这是翻译工作的"硬件"要求。从事翻译工作的人，必须具备良好的语言功底。不仅要有出众的外语水平，还要能够熟练运用中文。无论是笔译还是口译，都应该达到"通、达、雅"的要求，这就需要出色的外语和中文功底。

2. 良好的表达能力

流利的口语表达是从事翻译工作的必备素质，特别是针对同声传译工作（即从事会议听证、体育传播、新闻速记等的同声传译）的人员，流畅清晰的口语能力更是必不可少的。

3. 认真仔细的工作态度

这是从事文字工作的重要条件，由于职业的特点，如果工作中出现疏忽大意，往往会造成不可估量的损失，影响客户的利益，也给公司声誉造成影响。

4. 宽泛的知识面

做翻译工作会接触到各个方面的知识。客户送来的文件内容涉及方方面面，因此就要求翻译具有比较广博的知识面，以便更好、更快捷地开展工作，因而翻译还要不断地充电，学习和接受更新的知识，这样才能胜任一些新领域的翻译工作。

5. 诚实守信

作为另一种类型的服务行业,诚实守信是翻译人员必须遵循的工作守则,也是每个翻译公司对员工的严格要求。对客户负责,也就是对公司负责。

确认压力【ストレスチェックをしよう】

在下列症状中,符合10项以上的话,那么就应该尽早改变生活方式和生活态度了。

（1）起身后感到眼前发黑或头晕。

（2）感到头很重,身体不适。

（3）经常手脚冰凉。

（4）经常肩膀僵硬。

（5）经常做梦。

（6）早上想赖床。

（7）眼睛疲劳。

（8）有突然心跳的现象发生。

（9）易感冒。

（10）易口腔溃疡。

（11）泻肚子、便秘次数频繁。

（12）疲劳很难恢复。

（13）体重急剧减轻。

（14）易怒。

（15）懒得与人交往。

（16）最近很少笑。

控制压力【ストレスコントロール】

1. 睡眠

（1）白天适当运动,让身体适当疲劳。

（2）避免空腹或过饱。

（3）从卧室的灯光、声音、温度、寝具等方面着想。

（4）为了放松,可放些熏香、看些漫画。

（5）喝能温暖身体的饮料,不要喝浓咖啡和茶。

（6）沐浴能消除疲劳和紧张。

2. 入浴

（1）烦躁不安、神情不定时,就寝前用36℃～40℃的温水泡澡20～30分钟可以稳定身心。

（2）感觉疲劳时,可以在45℃左右的热水里浸泡,可以降低血浓度。

（3）早上上班前和脑力劳动后，浸泡在42℃～44℃的热水里，可以激发干劲。

（4）注意不要一下子就进入很热的水，要让水温慢慢升高。

3. 饮食

正确饮食、平衡饮食

消除压力【ストレス解消】

日本企业工作时间长、加班多、要求高是世界闻名的。在日本企业工作的员工也是压力满满，为此他们想出了许许多多的解压方法，如像下班不回家先到小酒馆喝一杯，在放满毛绒人偶的房间放肆地大骂、大哭、大打一气等等，可说是无奇不有，花样翻新，这在某种程度上对释放压力还是有一定帮助的。

金钱计划【マネープラン】

参加工作，可以说已经迈出了经济独立的第一步了。

在人的一生中，结婚、生子、住房等大的款项是必需的。为了将来制定储蓄目标，就从眼下开始你的マネープラン吧。

有预算的生活【予算生活】

预算生活是说就像经营企业进行预算和结算那样，有计划地进行家庭运作。

（1）制定结算时间。

（2）在经常性收入中决定储蓄比率。

（3）为将来大的支出而储蓄。

（4）为防意外而储蓄。

（5）确保预备金。

（6）纳入特殊收入后决定储蓄比率。

（7）为将来大的支出而储蓄。

（8）将可以节约的、不可以节约的进行分类。

（9）检查有无不合理的计划。

信用卡和贷款【クレジットとローン】

在手头没有钱的情况下，利用信用卡不仅可以买到所需物品，还可以借到钱，这给我们的生活带来了极大的方便。可是，若是超出了一定限度，资金返还出现困难也会给我们的生活带来混乱。因此说要有计划地储蓄，不要轻易使用信用卡和贷款。

（1）贷款偿还标准不超出自己收入的20%。

（2）不要以借贷方式偿还贷款。

（3）勿讲求虚荣与排场。

赠予新员工的名言、格言【新入社員に贈る名言·格言】

1. 失败、消极时【失敗した時·落ち込んだ時】

（1）失败是真理成长的学校。（失敗は真理の成長する学校なり。）

（2）重要的不是忍耐什么，而是在于如何忍耐。（重要なこと、なにを耐え忍んだかではなく、いかに耐え忍んだかにある。）

（3）没有连续不断的不幸，只是需要你坚持或是拿出勇气去面对、去解决。（いつまでも続く不幸というものはない。じっと我慢するか、勇気を出して追い払うかのいずれかである。）

（4）治愈不幸的良药只有希望。（不幸を治す薬は希望より外にない。）

2. 迷茫时【迷った時】

（1）人遇彷徨迷茫是正常的。（迷いこそ人間なり。）

（2）果断行动连鬼都怕。（断じて行なえば鬼神もこれを避く。）

（3）为则成，不为则不成。此乃放弃可成之业者的悲哀。（為せば成る為さねば成らぬ成る業を成らぬと捨つる人のはかなさ。）

3. 生气时【腹が立った時】

（1）生气时数到十，非常生气时数到百。（腹が立つなら十まで数えよ。うんと腹が立つなら百まで数えよ。）

（2）怒气尽消时，悔意来临。（怒りの静まる時、後悔がやってくる。）

（3）视发怒为敌。（怒りは敵と思え。）

4. 为人际关系烦恼时【人間関係に悩んだ時】

（1）相信别人，别人才会相信你。（己人を信じて、人もまた己を信ず。）

（2）己所不欲，勿施于人。（己の欲せざる所は人に施すなかれ。）

（3）忠言就像食盐一样不要不给。（助言と塩は請わるまで与える。）

（4）谁都有优点，应该去发现它们。（誰にも良いところがある。それを見つけるべきだ。）

5. 抱有希望【希望を持って】

（1）青春的梦能否实现在于忠实。（青春の夢に忠実であれ。）

（2）青年有美好的未来本身就是幸福的。（青年は未来があるというだけで幸福である。）

（3）工作就像是使人生有味道的盐。（仕事は人生に味をつける塩である。）

（4）视工作为乐趣的人生是天堂，视为痛苦的则是地狱。（仕事が楽しみならば人生は極楽だ。苦しみならばそれは地獄だ。）

第四章　商务礼仪篇
——ビジネスマナー

日本のビジネスでは、「契約よりも人間関係が優先される」とよく言われている。よい人間関係を築くには、誰もが心得ていなければならないマナーを持って、人と接していくことが大切である。どんな仕事でも、他人からの信頼や協力を得ることなしで、成功することは難しい。現在におけるビジネスマナーとはどのようなものなのかを知り、ビジネスマナーを正しく理解しよう。

日本的商务界流传着"人际关系比合约更重要"的说法。要构建良好的人际关系,关键要以人人都认可的礼仪与人交往。任何事业,若没有他人的信任和合作,是很难成功的。为此,我们必须了解并且理解当代商务礼仪的具体内容。

一、基本商务礼仪
——基本的なビジネスマナー

社会人は大学生と違い、様々な人と信頼関係を大事にしながら仕事を進めていくため、基本的なビジネスマナーを守り、お互いに気持ちよく取引していく事が理想的である。それで、社会人の基本的なビジネスマナーをまとめてみた。

1. 上班族必须要遵守时间

无论是上班时间、午休时间、会议的开始时间还是和客户见面的时间、提交文件的时间,一切时间、期限都必须遵守。

2. 遵守工作中的规则

每个部门都有一整套的工作规则、流程。新人一定要按照该规则来

开展工作,否则将扰乱整个团队,也影响工作的有效进行。

3. 牢记"整理、整顿"

办公桌上文件堆积如山必定会影响工作效率,要经常整理、清理。

4. 不妨碍他人

工作上有疑问想咨询上司、同事时,要挑选合适的时候。看到对方不太忙,前去打扰的时候要先说「今よろしいでしょうか?」。

5. 要爱惜公司的物品

二、工作场所的礼仪
——職場でのマナー

　　長い時間、接している人間同士だからこそ、職場のマナーは大切である。職場のマナーがきちんとしている職場は、仕事もスムーズになり、売り上げのアップにも繋がる。社会人としてのマナーをきちんと守りましょう。

要点【ポイント】

(1) 上班前5分钟应到自己的座位上;
(2) 时间观念不强的人不是称职的"社会人";
(3) 问候语不要简略;
(4) 要公私分明;
(5) 办公桌上要注意整理整顿;
(6) 上班时不随意外出;
(7) 进房间前要敲门。

如何称呼上司【上司への呼び方】

要注意根据场合选择合适的称呼:
(1) 和上司一对一的时候直接称"課長";
(2) 其他部门的上司也在场时称"○○課長";
(3) 对认识上司的客户提及上司时只说名字即可("○○は");
(4) 在客户面前需要强调上司的职位时称"課长○○"或"我们课长○○"(課長の○○/私共の課長の○○);
(5) 在上司的家人面前称○○课长("○○課長")。

自我称呼的规则【自分自身の呼称のルール】

(1) 自称时最好用「わたくし」、「わたし」；

(2) 表示复数时在「わたし」或「わたくし」后面加「ども」；

(3) 提到本公司时用「わたくしども」、「当社」。

外出时的礼仪【外出時のマナー】

1. 整理桌面

外出时应该把桌面收拾干净，尤其要注意收好重要文件。

如果有人拜托了工作给你做，要适当地汇报该工作的进程。

2. 说清楚自己是到哪里去

要和上司或者旁边座位的同事说清楚自己因什么事到哪里去，或在自己办公桌上留条。

如何接受命令、指示【命令、指示の受け方】

1. 被叫到要回答「はい」

听到上司叫自己，要清晰有力地回答并迅速前往。

2. 准备好做笔记的东西

接受命令、指示时一定要事先准备好纸笔。

3. 记录时注意5W2H

WHAT…什么（目标、目的）

WHEN…何时（期限、截止日期）

WHERE…哪里（场所、去向）

WHO…谁（谁负责、和谁）

WHY…为什么（这项工作的重要性）

HOW…怎么做（方法、手段）

HOW MUCH/HOW MANY…多少钱、多久（数量、费用、成本）

4. 听对方说完再提问

在听上司说话的过程中，即使有不明白或者疑问的地方也不要中途插嘴，要一直听到最后。

如果只是默默地听不出声，上司不知道部下听明白没有，所以一边听一边要适当地加入「はい」。

等上司说完后可以说"问个问题可以吗？"（「一つよろしいでしょうか」），得到允许后再具体地询问不明之处。

5. 最后确认

最后，要将记录下来的内容和上司确认，尤其要注意人名、地名、数目、日期等有无错误。

6. 如果认为自己难以胜任

根据工作量、完成时间、个人的能力等判断自己难以胜任时，要及时和上司汇报、商量。

三、穿着打扮
——身だしなみ

> ビジネスにおける言葉を交わす前の第一印象は、身だしなみで決まる。好印象を与えるためには身だしなみのチェックが必要。

人们一般通过穿着打扮来决定第一印象，所以要注意随时检查自己的穿着，可参照以下的项目进行自我检查。

ワイシャツ
白が基本。
色や柄があるものはビジネスシーンに合ったものを選ぶ。

ネクタイ
職場の雰囲気に合わせた色や柄を選び、きちんと結ぶ。

靴下
ズボン・靴と同系色が良い。

髪
清潔感があり、仕事や挨拶をした時に邪魔にならないようなスタイリングを。

スーツ
濃紺やグレー系のオーソドックスな形のもので、ビジネスシーンにマッチしたものを選ぶ。ズボン丈やスカート丈が、極端に長かったり短すぎたりしないようにする。

靴
黒が基本。
職場の雰囲気や服装に合わせた色を選ぶ、ミュールやサンダル・ブーツは避ける。

アクセサリー
光るものや揺れるものは避け、仕事で邪魔にならないようなものを選ぶ。

ストッキング
自然な肌色を選ぶ。柄のあるものやタイツは避ける。

（1）头发是否整理好了,有无头皮屑?

（2）口袋里的东西是否放得太多,显得鼓鼓囊囊的?

（3）胡子刮干净了没有?

（4）肩头是否落有头皮屑?

（5）鼻毛长不长?

（6）衬衫的领口和袖口干净吗?

（7）领带直不直?

（8）化妆了吗,会不会太浓了?

（9）有无口臭、体味?

（10）指甲长不长?

（11）香水的味道浓吗?

（12）西装上有无折痕,西裤熨过的吗?

（13）丝袜是否开线?

（14）鞋子擦干净了吗?

（15）对着镜子笑一笑。

从头到脚检查完毕后,接下来要关注自己的表情。表情是决定第一印象的重要因素。想要给人留下好印象,笑容必不可少。笑容会给对方带来安心、亲近的感觉,能够打动对方的心。

四、鞠躬

——お辞儀

お辞儀をすることは相手に敬意を表すことを意味する。

鞠躬用来表示对对方的敬意。

♣ 鞠躬的三种方式【お辞儀の3パターン】

（1）点头致意:倾斜度大约15度,用于进出公司时和同事之间（会释）;

（2）中度鞠躬：倾斜度为30度，用于迎送、拜访客户时，使用最为频繁（中礼<ruby>ちゅうれい</ruby>）。

（3）郑重的鞠躬：倾斜度为45度，用于参加各种仪式、表示感谢或歉意的时候（敬礼<ruby>けいれい</ruby>）。

✿❦ 鞠躬的要点【お辞儀のポイント】

（1）注视对方的眼睛；
（2）双腿并拢站立，两脚脚尖略微张开；
（3）双手轻握放在腹前，男性可伸直双臂放在身体两侧；
（4）背部挺直、下巴收回，注视对方眼睛；
（5）上半身笔直前倾；
（6）停顿一会以后慢慢直起身体并再次注视对方眼睛；
（7）说完"欢迎光临"之后再鞠躬更加给人以郑重、客气的印象。

五、姿势
—— 姿勢<ruby>しせい</ruby>

> 姿勢は「その人物の知識と教養の表れ」だと言う。あなたの姿勢はどうなっているか？

✿❦ 如何保持优美的站姿【良い姿勢の立ち方<ruby>たかた</ruby>】

（1）伸直脊背，头与背呈一条直线；
（2）压低下巴，保持视线水平；
（3）男性双手手指自然并拢，分别放在大腿两侧，中指约在西裤缝边处；女性双手轻握放在腹部前面；
（4）伸直膝盖，并拢双脚。

★ 如何保持优美的坐姿【良い姿勢の座り方】

（1）站在椅子的左侧，左腿先踏出一步，再先后将右腿、左腿并拢，坐下；

（2）男性的膝盖可略微张开，双手分别放在左右腿的上方；女性则要把腿从膝盖到脚尖完全并拢，双手轻握放在大腿上。绝对不能在客户、上司面前跷二郎腿或把脚交叉。

六、问候
——挨拶

> 人間関係は挨拶から始まる。挨拶をすることで、相手の存在を認め、また、相手にも自分の存在を認めてもらうことになる。

问候非常重要，一切的人际关系都从问候开始，人们通过问候来确认各自的存在。

★ 随时随地向人问候【挨拶はいつでも誰にでも】

问候是商务礼仪的基本，通过问候能有效地促进沟通。尤其是年轻人、职位较低的人要注意做到主动向人问候。

★ 问候的要点【挨拶のポイント】

（1）擦肩而过时至少要点头致意。

（2）不仅对上司、前辈，对同事、后辈也要问候。

（3）问候要从平时做起，养成习惯。

（4）拜访客户时，不仅对直接接触的面谈对象，对其周围的人也要致以问候。

（5）问候时一定要鞠躬。根据不同的场景分别使用三种不同的鞠躬方式。

★ 问候的方式【挨拶の仕方】

（1）笑着问候；

（2）大声地、清楚地问候；

（3）完整地问候更能表达敬意；

「どうも…」（×）→「どうもありがとうございます」（〇）

「お先に」（×）→「お先に失礼します」（〇）

（4）问候时要面向对方、注视对方的眼睛；

（5）一看到对方就主动、及时地问候。

🍁🌿 公司内部的问候语【社内挨拶の基本】

公司里聚集着成长过程、兴趣爱好各不相同的人。要顺利地完成公司内部的各项业务，需要留意公司内部使用的问候用语。

1. 用例总表

出社・出勤時	おはようございます（時間に関係なく使われる）
外出時・帰社時	行ってまいります ただいま戻りました
外出から帰ってきた人に対して	お帰りなさい
部屋に入室時	失礼いたします 失礼します
退社するとき	お先に失礼いたします お先に失礼します
退社する人に対して	お疲れさまでした ご苦労様でした（上司には×）
お礼	ありがとうございました。
物を頼むとき	お手数ですが、○○をお願いできますか
用件、用事を引き受ける時	かしこまりました 承知いたしました
謝る時	申し訳ございません
作業途中に声をかけるとき	ちょっとよろしいでしょうか
上司/先輩にお世話になった時	先日はお世話になりました

（续表）

出社・出勤時 しゅっしゃ しゅっきん じ	おはようございます（時間に関係なく使われる）
来客に らいきゃく	いらっしゃいませ（一般に） いつもお世話になっております（関係先）
久しぶりに会うとき	ご無沙汰しております ぶ さ た

2. 分场面解说

1）早晨的问候

おはようございます

对地位较高的人或者前辈，无论对方的年龄大小，都要使用「おはようございます」。对平级的同事或晚辈可以用「おはよう」。

2）外出时

外出时要和离开家时一样，使用「行ってきます」和「行ってらっしゃい」。同时，同事或部下回到公司的时候要说「お帰りなさい」、「お疲れさま」。

3）下班时

下班离开公司时一般多用「お先に失礼します」（我先走了）。对同事或后辈可用「お先に」。留下的人则回复「お疲れ様でした」。和上司、同事一起下班时也是说「お疲れ様でした」。

「ご苦労様」是上司对部下使用的句子，记住绝对不要对上司使用「ご苦労様」。另外，上司对加班的部下还经常说「あまり無理をしないように」以表示对部下的关心。
む り

4）其他

遇见公司高层人员时：「失礼いたします」/「お疲れさまでございます」。

遇见客户时：「いらっしゃいませ」/「失礼いたします」。

迎接客户时：「いつもお世話になっております」。

让人等候时：「少々お待ちいただけますか」。

接受任务时：「かしこまりました」/「承知いたしました」/「うけたまわりました」。

工作上出现失误或被人提醒时：「申し訳ございません」/「今後十分気をつけます」。

进出公司或经过上司身边时：「失礼いたします」。

乘坐电梯时：「失礼します」或者默默行注目礼。

七、交换名片的礼仪
——名刺交換のマナー

名刺交換はビジネスの大切な第一歩で、非常に大切な事である。挨拶同様、あなたの印象が大きく変わってくるので、気をつけて行おう。

　　交换名片是商务往来的第一步。它和问候一样,直接影响到人们对自己的印象,所以请慎重进行。

♣♣ 如何递名片【名刺の渡し方】

　　(1) 名片夹里要常备10张以上的名片。名片要放在固定的地方;

　　(2) 交换名片要站立着进行。对方一进入房间就迅速地站起来;

　　(3) 地位或职位低、年纪轻的人先递名片;

　　(4) 将文字的方向朝着对方;

　　(5) 手指并拢,双手递送名片;

　　(6) 递出时大约齐胸的位置;

　　(7) 递名片的同时要自报姓名:「○○(社名)の××(名前)と申します。よろしくお願いします」;

　　(8) 对方为多人时,要按相应的顺序一一地递名片。

🍂🍃 如何接名片【名刺の受け取り方】

(1) 双手接过名片，注意手指不要覆盖名片上的文字部分；

(2) 拿到名片后当场过目、复述对方的姓名：「〇〇会社の〇〇さまでいらっしゃいますね」。遇到难读的姓名要当场确认：「恐れ入りますが、何とお読みするんでしょうか」；

(3) 按照对方递出的高度接收名片；

(4) 将收到的名片放入名片夹时要说「頂戴します」。谈判过程中可把对方名片直接放在桌上，以免叫错对方姓名；

(5) 若对方比自己先拿出名片来，先接收并说「申し遅れました」，再递上自己的名片。

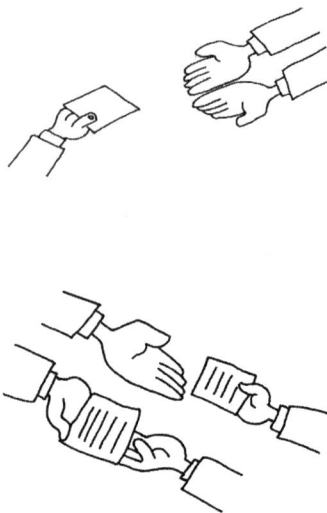

🍂🍃 名片交换有三条商务原则【名刺交換の3原則】

(1) 访问者先递；

(2) 地位较低、年纪较轻的人先递；

(3) 对方人数较多时要先递给地位较高的人。

八、介绍的礼仪
——紹介のマナー

人を紹介する時、最初にどちらを紹介すればいいのか迷う時がある。順番を間違えると、非礼に当たることがあるから、人を紹介するz時の基本ルールをぜひ覚えておこう。

（1）介绍人站在中间；

（2）介绍时手指并拢、掌心向上：「こちらが～
～」。

（3）公司内部的人不要使用敬称，要直呼其
名，即使是上司、前辈也不要加「さん」：「こちら
が、わたくしどもの部長の山本でございます」。

（4）介绍外公司的人时，要在姓氏的后面加上
职位或敬称：「こちらが、いつもお世話になって
いる○○の坂本<ruby>坂本<rt>さかもと</rt></ruby>課長でいらっしゃいます」。同时
可简略地介绍对方的简历：「4月まで日本橋店長を
務めていらした」、「新製品<ruby><rt>しんせいひん</rt></ruby>の発表会では特<ruby><rt>とく</rt></ruby>にお世話になっている」。

（5）原则上先介绍和自己关系亲近的人：本公司的人，公司里职位较低的人、年轻人，家
人，关系亲密的人。再介绍和自己相对疏远的人：外公司的人，公司里职位较高的人、年纪大
的人，外人，不熟悉的人。

九、自我介绍
——自己紹介

会社に入社して研修初日、また初出社するときには、必ずといって求められる
ことの一つが自己紹介である。この自己紹介は自分をアピールする絶好のチャン
スである。

上班第一天一定要做自我介绍。自我介绍是推销自己的
好机会。

大家可以以下面的要点为基础，灵活地做好自我介绍。

大声地、精神抖擞地	声音太小人家听不见,且容易被人误认为性格内向或没有自信。
鞠躬	自我介绍之前和之后都要鞠躬以表达敬意。
说完整自己的名字	介绍全名是自我介绍的基本要求。
最后附上一句话	最后附上一句有个性的话,这样能给人留下深刻印象。

十、电话礼仪
——電話のマナー

　　電話は、相手の顔が見えない分、声から受ける印象が大きく、ビジネスに与える力も大きいので、悪印象を残さないように気を付けよう。

　　接打电话的时候,因为看不到对方的脸,声音会给人留下很深的印象,对工作的影响也很大,需要特别注意。

电话的七大基本规则【電話の七大基本ルール】

　　(1) 明确"谁"和"什么";
　　(2) 说话时要充满感情;
　　(3) 注意用词;
　　(4) 认真与对方通话;
　　(5) 便条要放在手边以便记录;
　　(6) 注意复述;
　　(7) 等对方挂了电话之后再挂。

如何拨打电话【電話の掛け方】

　　拨打电话之前,要确认对方的号码,将要说的事情先整理一下记录下来。准备好纸、笔等。

　　1. 自报公司名、姓名

　　「○○社の○○でございますが」

　　2. 问候对方

　　「いつもお世話になっております」、「お忙しいところ、突然のお電話で失礼致します」(用于第一次打电话时)

　　3. 报上要找的人的姓名

　　「○○様はいらっしゃいますか」;

4. 对方不在时怎么办

（1）打算再次拨打时，询问对方回来的时间后说「それでは、そのころもう一度お掛けいたします」。

（2）请对方转达留言时先说「お伝えいただきたいのですが」。最后确认接电话的人的姓名，以免出错。

（3）希望对方回电时说「恐れ入りますが、お帰りになられましたら、お電話いただきたいのですが」，并告知对方自己的公司名、部门名、姓名和电话号码。

🍁 挂电话时【電話を切る時】

结束电话时说「それではよろしくお願いします」、「ありがとうございました」、「失礼致します」。一般来说由拨打方先挂电话，但等地位高的人先挂更显得礼貌。

🍁 如何接听电话【電話の受け方】

人们经常根据接听电话的态度来判断该公司的风气和员工的素质。所以，接听电话的时候，要时时意识到自己代表着公司，要温文尔雅地对答、善解人意地转接。

（1）电话一响就迅速接听，尽量在三声铃响之内接听。铃响五声以上才接时要说「大変お待たせいたしました」。

（2）不用说「もしもし」，而是自报公司名、部门名：「○○でございます」。

（3）复述对方的公司名、姓名：「○○様でいらっしゃいますね」。

（4）对方没有报上姓名时要说「失礼ですが、どちら様でしょうか？」。

（5）听不清楚的时候说「恐れ入りますが、お電話が遠いようなので、もう一度お願い致します」。

（6）具体内容要一边听一边记录下来，并在最后复述：「もう一度確認させていただきます」。

（7）如果是自己不知该如何处理的事情，要说「恐れ入りますが、上司（担当の者）と代わりますので、少々お待ちください」，然后请上司或相关负责人来通话。届时，要将自己和对方的通话内容向接电话的人简短地说明。

（8）结束电话的时候说「失礼します」，轻轻地放下听筒。

（9）一般来说由拨打方先挂电话，接收方等对方挂电话后再挂。

如何转接电话【電話の取り次ぎ方】

（1）首先要确认对方的公司名、部门名和姓名,然后复述对方想找的本公司成员的姓名（只说姓氏即可,不需加敬称）:「Cですね」。

（2）如果此人能够马上接听电话,说「ただいまCと代わりますので、少々お待ちください」后予以转接。

（3）如果此人不能马上接电话,要主动询问对方「お待ちいただけますでしょうか」、「こちらからお電話いたしましょうか」。如果对方希望回电,要确认并记录对方的联络方式。

（4）如果对方愿意等,要在对方等了一会后主动去询问对方是不是继续等:「申し訳ございません。もう少しかかりそうですが、お待ちいただけますでしょうか」。

如果对方要找的人正在通电话【本人があいにく電話中】

（1）告知对方该同事正在接另一个电话:「申し訳ございません。ただいま別の電話にかかっております」,询问对方的意向:「終わり次第、こちらからお電話いたしましょうか」,或「私でよろしければご用件を伺いますが」。

（2）如果对方愿意等,要用便条通知该同事有电话找他。

（3）若对方希望回电,要确认并记录对方的电话号码、公司名称、所属部门以及姓名。

（4）若对方要求留言,要记录、复述留言的内容并主动告知对方自己的姓名:「かしこまりました。Cに申し伝えます。私、Aと申します」。

如果对方要找的人正在开会（或会客）【本人があいにく会議（来客）中】

（1）告知对方该同事的状况:「申し訳ございません。Cはただいま会議（来客）中ですが、お急ぎでしょうか」,并记下对方的联络方式和留言:「終わり次第、こちらからご連絡いたします」或「よろしければ、ご用件を伺っておきますが」。

（2）若事态紧急,只得说「お話中、失礼いたします」,暂时打断会议,将写有对方公司名、姓名的便条拿给该同事看,由他决定怎么办。

✿ 如果对方要找的人不在【本人があいにく不在中】

（1）客气地告知对方：「ただいま外出して（席を外して）おります」「本日は出張しております」。

（2）告知对方此人来公司的具体或大致的时间：「○時（○日）には戻る（出社の）予定です」「お昼ごろ」「夕方には」。

（3）确认对方的意向：「戻り（出社、連絡が入り）次第、こちらからお電話いたしましょうか」「よろしければご用件を伺っておきますが」。

✿ 电话应答的基本表达【電話対応の基本】

（1）「はい」用于回答，不要重复两次；

（2）「いつもお世話になっております」用于和对方互致问候；

（3）「少々お待ちくださいませ」用于转接电话等场合；

（4）「お待たせ致しました」用于让人等待之后；

（5）「申し訳ございません」用于接听投诉电话或没能满足对方的要求时；

（6）「かしこまりました/承知しました」用于接受订单或理解对方的意思时；

（7）「恐れ入りますが…」用于拜托对方或确认对方姓名时；

（8）「失礼いたします」用于结束电话时；

（9）「お疲れ様です（でございます）」用于接听上司或同事打来的申话时。

✿ 其他的要点【ほかのポイント】

（1）以复述的形式确认，而不是反复地询问；

（2）为正在会客的人转接电话时要使用便条；

（3）说「少々お待ちください」（请稍等）时的等待时间为30秒；

（4）挂电话时要轻轻地放下听筒；

（5）接听投诉电话时首先要道歉；

（6）打电话时要考虑时间段，注意避开对方午休、早会或临近下班的时间；

（7）使用手机要遵守相关的规则。

✿ 如何写电话留言【伝言の残し方】

要找的人不在时，来电者可能委托接听者将事情记下并转达。记录时需要注意囊括以下几点：

（1）接电话的日期；

（2）留言是转达给谁的；

（3）来电者的公司名称、部门名称、姓名和电话号码；

（4）电话的主要内容（日期、数字、固有名词等要正确记录）；

（5）处理方法（我方和对方联系还是对方再打过来）；

（6）记录者的姓名。

十一、访问、带路的礼仪
——訪問、案内のマナー

> 他社を訪問する時、マナーに気を配ることは言うまでもないが、面談相手以外の人にも礼儀正しく接する事が大切。念の為チェックしてから訪問しよう。

访问其他公司的时候不仅要注意礼仪，还要注意对约见对象以外的其他人也要以礼相待。

訪問前の準備

訪問の当日

アポイントの基本

確認

預　约

预约的要点【予約のポイント】

（1）告诉对方访问的目的、希望的日期、时间长短、访问者姓名、人数等。预约成功后一定要记录到日程表上，以免忘记；

（2）要尽可能选用对方希望的日期，而不是单方面强调己方的要求；

（3）访问当天要再次和对方确认；因己方原因需要取消预约时，要尽快和对方联系并致歉。

访问前的准备【訪問前の準備】

（1）事先确认对方公司的经营内容、负责人姓名、职位等，准备好必要的资料；

（2）事先调查好去对方公司的交通方式、需要的时间。如果开车去，则要查好路线、路况以及有无地方停车等信息。

访问当天的注意事项【訪問当日の心得】

（1）检查名片、资料等随身携带用品，注意不要忘东西；

（2）整理服装、发型和妆容；

（3）在约定时间10分钟之前到达，绝对不允许迟到；

（4）脱掉外套、帽子等，单手拿着；

（5）淋湿了的伞不要带去会客室。

前台登记时的礼仪【受付でのマナー】

1. 对前台的人要致礼、问候

离前台还有一小段距离时先点头致意；到前台了先鞠躬再致问候：「失礼します」「お忙しいところお邪魔いたします」。

2. 报上姓名，请前台联系

初次访问时，问候之后拿出名片，明确告诉前台自己的公司名称、姓名以及想约见的对象：「○○会社の□□と申します」「営業部の○○様にお目にかかりたいのですが…」。

3. 若事先已经预约好，可直接请前台通报

「営業部の○○様と2時にお約束をさせていただいております。おいでになられますでしょうか」。

4. 要注意和其他员工打招呼

在走廊上遇见对方公司的其他员工要点头致意；离去时也要和前台打声招呼再走。

在对方公司应该怎样做【相手先企業での姿勢】

要时时意识到人们的"视线"，注意以下几点：

（1）姿势挺拔、步伐有力；

（2）在人来往比较多的走廊等场所，要注意稍微靠边走，不要走在路中间；

（3）不要东张西望，要直视前方、昂首挺胸；

（4）使用电梯时要注意礼让，不要抢在对方公司的人前面。

进入会客室时的礼仪【応接室への入室の仕方】

（1）首先要敲门，听到对方的答复后再开门。一边说「失礼します」一边进入房间，先鞠躬再转身将门关上。不要反手关门。

（2）迎着对方的视线，以平时的步伐节奏走近对方后，说「〇〇会社の□□です。お忙しいところお時間を頂いてありがとうございます（申し訳ありません）」，以表谢意。

（3）等对方示意请坐之后再坐。如果对方请自己坐上座，不用再三推辞，道谢后就坐即可。点心也要等对方示意后再吃。

谈话期间的要点【面談中のポイント】

（1）谈话过程中要注意坐姿：背挺直，上身略微前倾，不要深深地陷在椅子里。

（2）要注视对方的眼睛，说话要有条不紊、重点突出、清晰明确。

（3）对方说的时候要记录要点，倾听完毕后再确认。

（4）说话时注意用词，多用「私ども」「当社」以表明公司的立场。

（5）超越了自己权限或者是很难决定的事情，要返回公司和上司、相关负责人商量，不可擅自下结论。

离开会客室的礼仪【応接室から退出の仕方】

（1）谈判结束后先鞠躬，走到门口回头再次鞠躬。打开门到门外后再次转身说「お邪魔いたしました（ありがとうございました）」，并点头致意，关门。

（2）离开会客室时要注意不要立即改变原来的态度或表情，因为可能被其他员工注意到。

（3）离开时要和周围的、前台的工作人员一一道别。

如何在前台应对来访的客人【来客の迎え方、取り次ぎ方】

（1）客人来了要起立，微笑着说「いらっしゃいませ」。

（2）确认对方以及对方要见的人的姓名。

对方自报家门后，要确认并复述对方的姓名以及对方要找的人的姓名：「～の～様でいらっしゃいますね。少々お待ちください」；如果对方拿出名片，要双手接过并确认对方的姓名「～の～様でいらっしゃいますね」，回头转交给对方要见的人。

如果访客既不自报姓名又不出示名片，要主动询问：「失礼ですが、どちら様でしょうか」。

若事先从预约中已得知来客的信息，在客人到达的时候说「お待ちしておりました」，能给人留下更好的印象。

如何转告【取り次ぐ】

（1）用内线迅速联系对方要见的人。用内线联系时说：「受付です。～課長に、～の～様がご面会です」。

（2）复述电话里对方的指示。比如对方指示说请将客人领到会客室或会议室，要复述「応接室ですね」。

（3）放下电话后要向客人转告电话的内容，并带领客人前往。

目送【見送る】

看到访客即将离去，要停下手头的工作站起来鞠躬，说「ありがとうございました」「お疲れ様でした」等，目送客人离开。

如何带领客人【案内のマナー】

接到对方要来访问的预约后：

（1）首先通知前台：「何時に○○会社の○○さんがお見えになるので」。这样前台就能有所准备，届时能给客人留下好印象；

（2）如果前台会给客人带路，要事先预订好会客室，届时通知前台带领客人去会客室：「第一応接室にお通ししてください」；

（3）如果前台不能带领客人，要自己出迎；

（4）要根据预约的时间段事先安排好工作，届时不要让客人等。

带领客人时【案内する時】

（1）微笑着说「ご案内します」。要告诉对方去哪里并指示方：「～階の～までご案内いたします」。

（2）带领客人走过道时，要走在客人的侧前方，身子稍微转向另一侧后方；领先两三步，注意配合客人的节奏。

（3）转弯的时候要明示方向，说「こちらでございます」；上下台阶的时候说「足元にお気をつけください」。

（4）上下楼梯时走在客人的前面。在转弯的地方要转身看看客人。

如何带领客人上下电梯【エレベーターの案内】

上电梯时自己先进去，一手按住"开门"键一手挡住门，等待客人上电梯。下电梯时一手按住"开门"键一手挡住门，等客人下去之后自己再下。

如何礼貌地进入房间【入室】

（1）进门前先敲门。如果是往内开的门，先打开门进到房间里，再按住门请客人进去。

（2）如果是往外开的门，打开门并按住，请客人先进去。

（3）正确辨认上座并请客人入座。

（4）问候之后再离开。走到门附近说「失礼いたします」后再出去，轻轻把门关上。

送别客人的时候【見送る時】

在电梯前送别时，按住"开门"键请客人上电梯。电梯门开始关闭时郑重地鞠躬。送客人上车时要一直鞠躬至车驶出视野为止。

十二、不同场合的座位顺序
——席次、席順のマナー

> 　　複数の人と同席する場合には、必ず席次がある。席次は、人間関係を円滑に進めるためにとても大事なことである。席次を知らなかったり、無視したりすると、当人が意識していなくても、相手からは失礼な人間だと思われてしまう。

　　只要有多人在场，肯定存在相应的座位顺序。座位顺序在日本这个等级严明的社会里是相当重要的，它能促使人与人之间的关系更加和谐。如果不懂座位顺序或是无视它的存在，很容易失礼于人。一般来说，离出入口越远的座位越好，与此相反的就是最差的座位，也是新人或者职位低的人的专座，因为方便他们跑腿办事。

接待室里：①为好座位【応接の場合】

　　接待室里经常摆放着各种类型的椅子，可依此进行判断。一般来说，有靠背和扶手的椅子是客人坐的。如果墙上挂着画或者房间里有取暖设备，那旁边就是好座位。

　　在本公司高层人员办公室里会客的话，本公司人员应该坐在靠近该高层人员办公桌的那一侧。

　　同样，在公司内部的接待空间里，本公司人员要坐在靠近社内办公桌的那一侧。

会议室里：①为好座位【会議室の場合】

离门口最远的座位是上座,要留给管理层人员坐。其他的座位等级以此类推,越靠近门口的座位越差。

新人要坐在靠近门口的位子上,以便在会议中与外部联络或者准备增加的资料等。

有主持人的会议上,主持人的右边是高层或者来宾的座位。越靠近门口的座位越差。

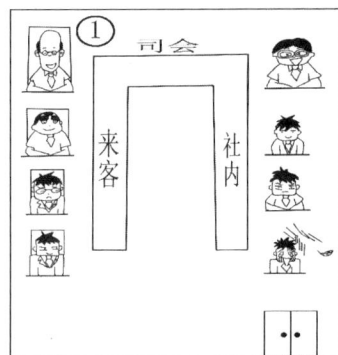

出租车里：①为好座位【タクシーの場合】

司机后面是好座位,要请上司或客户坐。此时,副驾驶的座位是差座位。如果那辆车不是自动门,上下车时主动为对方开门比较礼貌。到达的时候别忘说上一句「お疲れ様でした」。

飞机或火车上：①为好座位【飛行機の場合】

和行进方向同向的靠窗位是好位置。三人以上的座位中,一般来说中间是差位置。

如果客人说他喜欢靠走道的座位,就不必一定请他坐窗口。如果对方说了「こちらで結構です」,要尊重客人的意愿,随机应变。记住:最重要的是要让地位高的人坐得舒适。

电梯里：①为好位置【エレベーターの場合】

在电梯里,中间和最后面是好位置。操作盘的前面是差位置。新人要毫不犹豫地站在操作盘的前面,掌控电梯门的开关,请地位高的人先上下电梯。

十三、敬语的使用方法
　　——敬語の使い方

> 　敬語とは目上の人に対して、細かな神経を配る日本人の独特な文化である。ピラミッド社会においては特に重要なので、間違った使い方をしないように覚える必要がある。

　敬语是独特的日本文化,它的要点是尊敬比自己地位高的人,所以在金字塔般等级森严的社会里显得更加重要,需要特别小心使用、以免出错。

　敬语一般分成尊敬语、谦让语和郑重语三种。

1. 尊敬语

直接对对方的动作、状态表示尊敬。

1)「～れる　～られる」

　　例:来られる、使われる

2)「お～になる　ご～になる」(比「られる」更尊敬)

　　例:お持ちになる、ご覧になる

3)「お～くださる、ご～くださる」

　　例:お聞かせくださる、ご指示くださる

4)「お～なさる、ご～なさる」

　　例:お話しなさった、ご指摘なさった

2. 自谦语

谦逊地表达自己的动作、状态,以此来表示对对方的尊敬。

1)「お～する、ご～する」是最常见的自谦形式

　　例:お呼びいたします、ご意見拝聴いたします

2) 对于对方的动作用「お～いただく、ご～いただく」

　　例:お待ちいただけますか、ご指導いただきます

3)「お～願う、ご～願う」

　　例:お伝え願います、ご参加願います

4)「お～申し上げます、ご～申し上げます」

例：お願い申し上げます、ご説明申し上げました

3. 郑重语

用词客气，以此来表示对对方的尊敬。

1)「です、ます」

例：弊社の商品です

2)「ございます」：更加客气，用于接待客户以及和地位特别

高的人的对话中。

例：ありがとうございます

新しい商品でございます

用例表1

原型	尊敬語	謙譲語
来る 見る する	いらっしゃる/おいでになる ご覧になる なさる　される	参る 拝見する させていただく/いたす
聞く 帰る 会う	お聞きになる お帰りになる お会いになる	うかがう 失礼する お目にかかる
思う 行く 食べる	思われる いらっしゃる　いかれる 召し上がる	存じる 参る　うかがう いただく
言う 居る 与える	おっしゃる　　言われる おいでになる/いらっしゃる くださる	申し上げる おる さしあげる
着る 会う 寝る	お召しになる お会いになる お休みになる	着させていただく お目にかかる 休ませていただく

用例表2

挨拶する	いらっしゃいませ。 いつもお世話になっております。 ご無沙汰いたしております。
承知する	かしこまりました。/承知いたしました。 承りました。
感謝	非常にありがたく（うれしく）存じます。 おかげさまで○○できました。ありがとうございます。

（续表）

謝罪する （しゃざい）	（気がつきませんで・至りませんで） 申し訳ございません/失礼いたしました。 ご迷惑をおかけいたしました。
依頼する （いらい）	恐れ入りますが、○○していただけますか。 申し訳ないですが○○をお願いできますか。
質問する	少々お伺いしたいことがあるのですが。 どのようなご用件でしょうか。
確認する	もう一度おっしゃっていただけますか。 （これで）いかがでしょうか /よろしいでしょうか。
断る （ことわ）	（非常に・まことに）残念ですが、○○いたしかねます。 （あいにくですが）私では決めかねますので（上司と相談して）…
答えられない （こた）	わかりかねますが。 存じませんので、お答えいたしかねますが。 （ぞん）（こた）
反論する （はんろん）	ごもっともですが（おっしゃるとおりですが）… 申し上げにくいのですが…
辞去する （じきょ）	本日はお忙しいところお邪魔いたしました。
名前を尋ねる （たず）	大変失礼ですが何とお読みするのでしょうか。
名刺をいただく	頂戴いたします。 （ちょうだい）
時間をいただく	お手すきできたら（ご都合がよろしければ）少々お時間をいただけますでしょうか。 （つごう）

第五章　企业实战篇
——企業実戦

一、日企文化
——日本の企業文化

日本企業は企業文化の建設を大切にする。企業文化の形は多様で、「社風」、「社训」、「組織風土」、「経営の原則」などがある。このような企業文化は企業内の全員の力を合わせ、共通の目標に入れる文化の観念、歴史の伝統、価値の基準、道徳の規範、生活の規準でもあり、従業員の結束を強化するイデオロギーでもある。和魂洋才、家族主義及び人を中心にするのは日本企業文化の主な特徴である。

日本被称之为东方的神话，战后日本在短短30年时间里就使自己从一个因发动侵略战争而被摧毁的战败国一跃而成为经济大国，令世界惊叹。其2015年的 GDP 总量居世界第三，综合国力居世界第四，在2015年的世界500强企业中日本占有54家。企业的发展是国家经济的重要体现。因此我们有必要来了解一下日本的企业，企业的发展又与企业的文化理念密切相关，所以让我们来了解一下日本企业的文化特点。

日本企业文化是和日本传统文化、民族心理紧密地联系在一起的。日本的传统文化和民族心理，一方面深受中国传统文化的影响；另一方面又带有日本特有的"家族"色彩，当这些传统文化和民族心理与现代企业管理相结合时，就形成了独具特色的管理方式和企业文化特色。

日企文化特色

1. 和魂洋才构成日本企业文化的核心

日本民族自称大和民族，"和魂"就是指日本的民族精神。"和魂"实际上是以儒家思想为代表的中国文化的产物，中国儒家文化的核心是人伦文化、家族文化，提倡仁、义、礼、智、信、忠、孝、和、爱等思想，归纳起来就是重视思想统治，讲究伦理道德。

"洋才"则是指西洋（欧美）的技术。1886年日本明治维新，在明治政府的大力支持下，向西洋学习先进技术及管理方法，开始了现代化的资本主义进程。于是"和魂"和"洋才"才开始结合起来，成为日本近代企业家经营活动的指导思想。以日本化了的中国儒家文化为核心的"和魂"与以欧美的先进技术为内容的"洋才"，构成了日本企业管理文化的重要基础。

在这种思想的支配下，日企努力做到文化传承与文化创新相统一，培育支撑企业实现持续发展的文化力量。日本人努力创新，开发产品，加大科技投入，争取在同行中做到最优。

2. 以"和"的观念为主体的家族主义

"和"的主要内涵是爱人、仁慈、和谐、互助、团结、合作、忍让等。日本过去一直是以农业为主的国家，从播种到收获，绝非一个人的力量可以完成，家人、族人必须互助合作，这使得日本人养成了团结互助的良好习惯，逐步形成家族主义。这种家族主义观念，在企业中则普遍表现为团队精神，一种为群体牺牲个人的意识。以团队精神为特点的日本企业文化，使企业上下一致地维护和谐，互相谦让，强调合作，反对个人主义和内部竞争。因此"和为贵"的思想是日本企业文化的核心。

"和"的观念是对人的主体性的强调，于是产生了日本企业的共同理念和集团主义精神。企业是一利益共同体，共同的价值观念使企业目标和个人目标具有一致性。"和"被日本企业作为运用到管理中的哲学观念，是企业行动的指南。企业像一个家庭一样，成员和睦相处，上级关心下级，权利和责任划分并不那么明确，集体决策，取得一致意见后才做出决定，一旦出了问题不归咎个人责任，而是各自多作自我批评。企业对职工实行终身雇用，采取年功序列制。

3. 企业以人为中心、以人为本

企业强调重视人、尊重人、相信人、关心人、发展人，强调人的主动性。这实际上是日本文化吸收中国儒学的人文主义，发扬天人合一、万物一体等思想的结果。无论是终身雇佣制、年功序列制，还是企业工会，日本企业经营模式的这三大支柱都是紧紧围绕着人这个中心的，三者相互联系、密切配合，从不同侧面来调整企业的生产关系，缓和劳资矛盾。正是这些形成

了命运共同体的格局,实现了劳资和谐,推动着企业经营管理的改善和提高。

公司内部有完善的培训机制,注重人才的培育,也是它成功的重要方面。它提倡的企业使命是"造物、育人",经营理念则是"造物先育人、先人后事"。公司关注员工个人利益,满足员工要求,推行弹性工作制,举行公司聚会等。由此可见,日本企业文化强调人才的作用,注重以人为本,照顾雇员利益。

4. 日本企业强调社会责任

日本公司往往追求经济效益和社会责任相统一。提出产业报国,以社会为己任的口号,强调企业的社会责任,企业对国家乃至全人类所应承担的社会责任和义务。松下公司经营理念强调"産業人たるの本分に徹し、社会生活の改善と向上を図り、世界文化の進展に寄与せんことを期す"(贯彻产业人的本分,谋求社会生活的改善和提高,以期为世界文化的发展做贡献)。由此可见,日本企业文化中强调经济利益和报效祖国、社会责任相结合,通过优良的产品、周到的服务来回报和服务社会,进而赢得社会好评,使企业生命得以延续。

日本企业都具有相似的经营理念,遵守国内外的法律及法规精神,通过公开、公正的企业活动争做得到国际社会信赖的企业市民。遵守各国、各地区的文化和风俗习惯,通过扎根于当地社会的企业活动为当地经济建设和社会发展做出贡献。

5. 节约精神和忧患意识

日本是一个岛国,地小物稀,多数资源从国外进口,同时地震、海啸、台风等自然灾害时刻威胁着日本国民,本能地产生危机感和不安全感。长期以来,日本政府和社会各界向社会渗透资源匮乏论、沉没论、生存危机论、经济崩溃论等,以激发日本国民的忧患意识。同时也培养了日本民族节俭的观念,"勿暴殄天物"是许多日本人的口头禅,这深深地影响着日本的企业文化。在发达国家中,日本的国民储蓄率一直是最高的。

日企特点

1. 工作稳定(源于终身雇佣制)

日企都会在招聘面试时从各方面考核应聘者是否有短期离职的倾向。就职后离职压力相对比较小,因为日企不轻易炒人。即使业绩停滞不前,只要工作态度好也不会轻易失掉目前的位置,最多升迁得慢一些。适合性格踏实稳重、寻求安定的人就职。

2. 态度严谨

日本人对工作的严谨体现在方方面面,在管理上,日本企业通常都有一套严格的管理制度,并且细化。无论是基层员工还是社长,都必须严格执行,无论是什么事情都要按照流程来做,这种尊重规则并遵守规则的做法是值得学习的。在工作方面,计划性强,并深入到每个环节。日本企业在实施一项工作任务前,都会做好充分的前期准备工作,其中包含核对计划方案的完整性、数据统计的准确性,以及做好能否顺利实施的预测工作。

3. 工作认真

日本人对工作认真负责、一丝不苟在世界上是很出名的。所以在日本公司评价一个人时,经常用的一个词就是"まじめ"(认真),可见日本人对于工作认真的重视和态度。追求细节,魔鬼在细节中,细节决定成败。从穿着到表情,言谈举止都会注意。每个员工都很明确自己的分内职责,而且具体到小细节都不能马虎,包括准时守时。

4. 勤奋实干

日本人的勤奋、敬业、献身精神在世界上也是闻名遐迩。工作是绝对第一,加班成为较普遍现象,并表现"自愿",不能第一时间离开办公室。有人说日本人是"蜂(はち)""蟻(あり)"。日本人会把公司当成自己的家,对工作有无私的奉献精神,他们会像"工蜂"和"蚂蚁"一样不知疲倦地工作一生,甚至可以为了工作而牺牲自己的私人时间甚至是生命,对于日本人来说,工作是生活的本质,更是自己神圣的使命。

5. 晋升严格(源于年功序列制)

由于日企特殊的管理文化,在晋升标准方面,资历很重要,它代表了你的经验、对企业的忠诚和贡献。在资历和能力之间,日本企业注重团队内部成员关系,这需要用时间去实践才能获得。另外,业绩、沟通协调能力也很重要,良好的沟通能力、个人的号召力和影响力,都是能否成为管理者的关键。

在用人方面,中国员工的晋升空间虽有拓宽,但升速较为缓慢,即使是优秀的毕业生,晋升到科长的职位一般也要4年左右的时间。伴随着日企本土化战略的实施,日企也入乡随俗,寻求适合在本土发展的管理人才。

日企员工列出的晋升必要条件

(1) 低调:不欢迎个性张扬者、个性强者。高谈阔论或雷厉风行,都是不能为众人所容的。

(2) 中庸:在日企深藏不露的人很多,盲目暴露实力者,在竞争中就会过早出局。木秀于林风必摧之。

(3) 勤奋:早到晚走,努力工作。

(4) 细致:言行举止都应注意细节。

(5) 业绩:效率时代,业绩为王,上司优先。

(6) 资历:虽然按资排辈的时代已经过去,但它的影响力犹存。

日资企业以其稳定的工作岗位、严谨的工作作风、完善的员工培养发展计划、人性化的管理方式,以及安心完善的福利制度,吸引了很多求职者。要进入日企工作,不仅仅需要扎实的日语基础,还需要注意各个方面的细节。

日企需要什么样的人才

日企招聘时,一般在以下几个方面对应聘者进行考察。

1. 你是否愿意长期在企业工作

终身雇佣制在日本人的心中根深蒂固,一个愿意在企业工作一辈子的人都会受到欢迎。

进入日企后,公司都会有一系列的员工培养计划,对员工进行严格的培训,逐步让员工熟悉工作岗位,并能胜任工作。所以一般日企在招聘面试时都会关注应聘者是否有短期离职的倾向。

2. 你是否有责任心,对工作认真负责

认真负责是在日企工作必备的品质,是考察员工的重要标准。

3. 你是否是勤奋努力的人

在日企努力工作是很重要的,日本奉行"努力主义"原则,就算你的业绩不突出,但很努力工作,也会得到认可。

4. 你是否能遵守企业各项规章制度

日本人以严谨著称,包括在遵守企业制度方面。严格的企业管理制度是企业正常有效运行的关键。

5. 是否能做到彬彬有礼

彬彬有礼,礼貌待人,是日本人给世界各国留下的深刻印象。日本人俨然也形成习惯,是从小就开始教育的结果。在日企工作要特别注意礼貌,上班见面时要互致问候,尤其对待客户。

6. 是否有团队合作精神

日本有许多世界领先的企业,这些企业都离不开日本人突出的团队精神。在工作上要求团结合作,步调一致,追求整齐划一,服从组织。个人和组织融为一体,共同成长,员工往往"以社为家"。

7. 是否有日语基础,懂得日本文化

有较好的日语基础,当然会有一定的优势,除此之外,要了解日本文化,特别是日企文化。有一定分析和反应能力,懂得日本人心理,做事恰到好处,这样一起工作更容易沟通合作,所以日企喜欢招聘那些有日本留学经验的人。

如何从外部来包装你自己

1. 整洁的外表、得体的服装给人最强烈的第一印象

面试前一定要搞好个人卫生,不适合穿着前卫或过于张扬个性的夸张服饰。除穿上干净的正式服装外,面试前一天不要吃会留下强烈气味的食品。

2. 注意礼仪

与一般外企相比,日企更重视礼仪,因为礼仪是个人修养的表现,都会给个人和公司加分。

3. 注意守时

在日本人看来,守时是一个人的必备品质。除不可抗的原因外,没有任何理由可以用来解释迟到,除非你已决定放弃这个面试机会。

4. 合格的简历是进入日企的第一步

应聘日企尽量用简洁大方的格式为佳。认真诚实地填写你的经历,清楚地知道自己的优势与劣势,面试时简历里面的内容都可能被面试官问到。

如何从内部来包装自己

整洁、稳重的外表能让面试官在形象上给你一个高分,但是应聘者的内在素质也十分的关键和重要。日企招聘时,比较看重的内在素质主要有以下几点:

1. 服从指挥

一切行动听指挥,是日企的工作方式,凡事按照规定执行,不可自作主张。

2. 诚实认真

在日企中工作除了服从指挥外,更需要勤奋踏实,诚实认真的工作态度。尤其是刚从学校毕业的新人,经验不够是正常的,只要你认真努力,同样可以得到认可。

3. 彬彬有礼

日本是一个非常重视礼仪的国家,能否做到待人和善、宽容大量,是决定你能在日企长远发展的关键。

4. 整理整顿

工作中学会有条有理,清晰明了的思路和工作方法有助于提升你的价值。面试前把你所需携带的东西整理一遍,看上去整洁大方。

5. 眼光长远

日企最忌用人的就是目光短浅、斤斤计较眼前利益的人。面试时不要拘泥于某个问题,比如个人待遇问题。

日企的工资待遇

日企的工资因性别、年龄、工龄、职位的不同而不同,下面列举一些工资待遇,仅供参考(年薪)。

刚毕业的大专、本科生:4万～6万

课长级以上人员:12.6万元(平均值)

系长级人员为:6万元

专业技术人员:4.9万元

普通职员:3.8万元

日资企业所有职种的男性工资的中央值

与平均值均超过女性。由于日资企业中女性多从事助理和事务工作,男性在出差和加班较多的营业、技术、IT和专门职务中的比例较高,因此产生了女性工资比男性工资低的结果。

男女皆于45岁前达到高峰期。伴随着年龄(同一职种的任职年数)的增加,工资水平亦相对上扬,特别是25～35岁年龄层的工资涨幅高达到25%～30%,这与中间管理层的录用年龄相一致。45岁以后不论男女工资皆逐渐减少,并未反映日资企业论资排辈的结果。

在日资企业中,具备日语能力的复合人才倍受青睐,其工资水平往往高人一等。如具备日语能力的财会人才在集团融资、资金管理、内部审计等职位的需求十分旺盛。伴随着合规业务的强化,日资企业对于法律人才的需求在近几年急剧增加。同时因为律师资格的正规

化,有资格的人才也在增加。此外,电子、电气、半导体行业的企业数量较大,对相关人才的需求数量也较大。对人才技术要求较高,所以理科相关专业背景或有相关产品知识并精通日语人才尤其受欢迎,但是由于国内的理科人才一般主修英语,所以日语人才供不应求。

二、简历
——履歴書

> 履歴書とは、学業や職業の経歴など人物の状況を記した書類のことで、就職や転職時に選考用の資料として用いられる。企業が皆さまの情報を一番最初に得るのは、「履歴書」である。20代の皆さまは、誰でも一度は履歴書を書いたことがあると思うが、採用担当者はまず最初に履歴書の内容から皆さまが企業にとって必要な人材かどうかを見極める。

简历,顾名思义,就是对个人学历、经历、特长、爱好及其他有关情况所做的简明扼要的书面介绍。书写你的简历是你的第一份工作,是用人单位了解你的第一扇窗口。在面试之前所获取的所有关于你的信息都来自简历,适度的引起用人单位对你的兴趣才是最重要的,意味着你能否成功获得面试的机会。一份好的简历,可以在众多求职简历中脱颖而出,给招聘人员留下深刻的印象,然后决定给你面试通知,它是帮助你应聘成功的敲门砖。

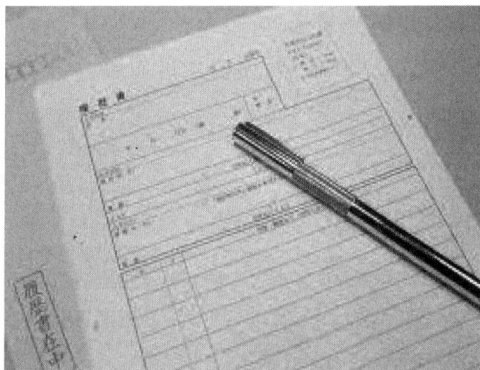

投递简历要达到的目的

（1）简单明了,重点突出,把自己推销出去。

（2）获得面试的机会,而不是获得工作。

（3）使你在众多求职者中脱颖而出。

（4）证明你是适合这份工作的最佳人选。

> 简历要短小精悍、有的放矢、切中要害。

写简历应注意的事项

1. 内容真实

求职材料是对自己的全面总结和反映，不能为了赢得用人单位的好感而凭空捏造内容，要真实地填写自己的各项信息，不能杜撰个人能力和经历。

2. 简单明了，重点突出

它不是你的个人自传，与你申请的工作无关的事情要尽量不写。简历的格式应便于阅读有吸引力。在简历中要充分展示你的专业特长和一般特长，强调过去所取得的成绩。工作经历包括学生工作经历和实习工作经历，经历中取得的突出成果要着重表达，简单地写在某单位做过某工作，取得什么样的成果。使人对自己有良好的印象，不必面面俱到。最好在一页纸之内完成，一般不要超过两页。

3. 求职意向明确

求职者对工作的期望和职业规划就是求职意向，是简历中不可或缺的部分。如今用人单位更愿意招聘目标明确的求职者，这样的人才能在企业内稳定工作，伴随企业一同成长。对求职者来讲，在求职前切忌盲目，要认清自我，了解行业，了解不同岗位的工作内容，写简历的时候才能有的放矢。

4. 结构严谨，字迹清晰

简历不仅要做到格式规范，填写术语也要规范。要组织好个人简历的结构，不能在一份个人简历中出现重复的内容。让人感到你的个人简历条理清晰、结构严谨是很重要的。绝对不能出现错别字、语法和标点符号方面的低级错误。字体最好采用常用的宋体或楷体，尽量不要用花哨的艺术字体和彩色字，排版要简洁明快，切忌标新立异。

5. 内容具有针对性

针对某个具体职位空缺而发送的简历应该是为其量身定制的。对于不同的行业、不同的公司和不同的职位，提交的简历要具有针对性。如果公司要求你具备良好的日语口语能力，那么在简历中描述自己做过业余涉外商务翻译，这就是针对性。

中日文简历的写法

中文简历不像英文简历那样有固定的、约定俗成的格式。现在社会上常见的中文简历多从"履历表"演变而来。一份简历，一般可以分为四个部分。

第一部分：为个人基本情况（个人信息），应列出自己的姓名、性别、年龄、籍贯、学校、系别及专业，健康状况、爱好与兴趣、家庭住址、电话号码等。

第二部分：为教育背景。主要写初高中、大学部分。应写明曾在某某学校、某某专业或学科学习，以及起止时间、在学校和班级所担任的职务等。

第三部分：为工作经历情况。若有工作经验，最好详细列明，填写工作单位、日期、职位、工作性质。如果是临近毕业的学生，可填写校内外的各种实践活动、实习及义工等相关内容。

第四部分：为求职意向。即求职目标或个人期望的工作职位，表明你通过求职希望得到什么样的工种、职位，以及你的职业规划。

根据不同人群的特点和应聘的岗位需求，也可添加具有针对性的其他内容。

<h1 style="text-align:center">个人简历（供参考）</h1>

就业方向	日语翻译		

个人信息

姓名：王伟	性别：男	民族：汉	籍贯：深圳	
出生年月日：1995年09月01日		年龄：21岁		照片
学历：大专		专业：商务日语		
电子邮箱：xxx@xxx.xxx		联系电话：137xxxxxx		

教育背景

1. 2008.09～2011.07　深圳高级中学初中部，担任生活委员一职
2. 2011.09～2014.07　深圳高级中学高中部，担任学习委员一职
3. 2014.09～2018.07　深圳技术大学外语学院商务日语专业，担任班长一职

大学主修课程
综合日语、日语会话、日语听力、日语翻译与技巧、商务日语、国际贸易与实务、商务日语写作、日本概况、日企文化

社会及校内实践

1. 2014.03～2014年底　在日语培训机构做兼职教师；
2. 2014.05～2014.05　在深圳国际家具展做前台引导工作；
3. 2015.06～2016.06　担任院分团委心理站干事，负责各种活动的组织与策划。

奖励情况

1. 2014～2016学年度三次荣获一等奖学金，三好学生称号；
2. 2014年5月　荣获院级日语演讲比赛一等奖；
3. 2015年3月　荣获优秀学生干部称号。

个人能力

1. 语言能力：具有较强的日语听说读写能力，国际日语能力考试 N2合格；
　　　　　具有较好的英语听说读写能力，CET-6合格；
　　　　　普通话、粤语流利，具有较强的语言表达能力。
2. 计算机能力：熟悉 Word、Excel、PowerPoint 等 Office 软件，通过全国计算机等级考试1级。

个人评价

　　本人热心、善良、自信、自律、上进心强，有较强的组织、管理能力。工作认真负责，勇于承担任务与责任，能够快速接受新知识和快速适应新环境，具有良好的团队合作精神以及较好的个人亲和力。良好的综合素质，具备复合型人才的条件。

中文简历没有一个固定的模式。但是,大多数情况下,日文简历的阅读者是日本人或者有日文背景的人,如果打算获得一份工作,那就应该照顾他们的思维方式和习惯。能从日文简历中看出求职者真实的日语水平,同时对于求职者的逻辑思考能力以及日本文化的认同与融入感也会有所感知。

		履歴書　　年　　月　　日	A
年	月	学歴・履歴・賞罰・免許・資格	
		学歴	
2011	7	深圳高級中学校卒業	D
2011	9	深圳高級高校入学(生活委員担当)	
2014	7	深圳高級高校卒業	
2014	9	深圳科学技術大学日本語科入学(班長担当)	
2017	7	深圳科学技術大学卒業見込み	
		職歴	
2014	7	日本語教育センターで日本語の教師	
2014	5	深圳国際家具展でフロントガイド	

ふりがな　オウイ			
氏名　王偉		写真	B
生年月1995年09月01日生(満　20才)	男　女		
現住所 T518-000 深圳市南山区西麗公寓606		携帯電話：137xxxxx E-MAIL：xxx@xxx.com	
連絡先 T518-000 深圳市南山区西麗公寓606			C

		賞罰
2014	5	日本語スピーチコンテスト一等賞獲得
2015	3	優秀学生幹部獲得
		免許・資格
2014	12	大学英語6級
2015	12	日本語能力試験2級
		罰なし

E

F

自分のPR

(1) 私は負けず嫌いです。

(2) 学校の勉強、クラブ活動、アルバイトだけでは周りとほとんど変わらないと思い、興味のあったコンピュータの勉強をはじめました。しかし当時クラブ活動がかなり忙しく毎朝6時前に起床し、11時過ぎに帰宅するという日が続き、思うように勉強時間を取ることができませんでした。しかし、私は毎日必ず3時間は勉強しようと決意し、講義の合間、通学時間、そして足らない時は睡眠時間を1時間、2時間削って毎日続けました。途中本当に辛くてやめてしまいたい時もありましたが、気力と根性で乗り越え、当初目標としていた検定試験にも合格することができました。

(3) この経験からパソコンに関しては誰にも負けない力を身につけ、また積極的に挑戦していけば、自分の可能性はもっと広がっていくことを学びました。

入社後は仕事もかなりしんどいとは思いますが、自己啓発にも積極的に取り組み、さらに大きな人間になりたいと思います。

志望の動機

私が貴社を志望した理由は、商品の開発から販売までの全ての工程において、顧客視点を反映させた営業戦略を貫いているところに強く共感したからです。なぜなら私自身アルバイトを通じて、顧客満足が売上に直結すると、経験してきたからです。

また、責任ある仕事を若手社員にも任せていただける環境の中で、私の積極性と成長意欲を十分に発揮し、成果を出したいと思いました。さらに、国内シェアトップを誇る貴社で、今後は世界シェアを獲得するというグローバルな方針にも志望いたしました。

本人希望記入欄（給料、職種、勤務時間、勤務地など記入）

日本語と関わる部署を希望します。

勤務地は深圳地区を希望します。

A 日付

● 写提交该简历的日期或较近的日期。

B 写真

● 选择着装正式、3个月内的近期照片为宜。

● 照片尽量自然美观。

● 照片的背面最好也写上自己的姓名和学校名。

● 年龄一栏，要填写周岁，而不是虚岁。

C 現住所・連絡先・電話

● 必须填写自己的详细住址。

● 为汉字做"假名注音(フリガナ)"。

● 电话号码是住宅电话或手机号码。

D 学歴・職歴

● 学校要写全名，不要写简称。

● 从中学毕业开始填写。

● 院系、专业也务必要写清楚。

● 工作经验不够时，可录自己打工经历或实习工作。

● 如果没有特别的奖惩经历，在赏罚处写上「賞罰なし」。

E 免許・資格

● 填写你拥有的所有证书。

● 必须用职称、证书的正式名来填写。

● 正在学习、努力考取的证书，也可以写上。

F 自己 PR/志望の動機/本人希望記入欄

● 整理自己的优势、优点、长处等方面，以便在面试中取得优势。

● 简历中最好不要留空，尽量填满。最好不使用「特になし」字样。

● 「志望動機」要用自己的话来写，尽量避免千篇一律的大空话。

● 填写自己期望的岗位、就职地等。

自己 PR 的写法

自己 PR 也没有固定的写法，作为公司方是要录用能给公司带来利益的人员，作为应聘者是要推介自己，找到合适的工作。下面介绍一下这类文章的构成。

1. 应聘岗位的说明

・志望する職種は何か

例)営業、事務、総務、人事、経理、広報、宣伝、企画、店舗管理、販売、情報システム、調達・購買(バイヤー)、生産管理、研究開発など。

2. 应聘公司的基本情况

> ・怎么知道这家公司的。
>
> 例）ホームページ、OB 訪問、インターン、店舗見学など。
>
> ・工作所需的能力。

3. 自己对这份工作能发挥的作用

・性格

・能力

4. 具体介绍自己的情况

> ・どのような活動をしたのか。
>
> ・何のために行ったのか。
>
> ・どのような問題があったのか。
>
> ・そのときの自分の立場や責任は？
>
> ・問題をどのように解決したのか。
>
> ・解決までの過程でどのように貢献したか。
>
> ・どんな成果を得たのか。
>
> ・何を学んだのか。

5. 谈自己的工作抱负

・录用后自己工作的想法、计划等。

根据以上5点，基本框架如下：

> 　私は、御社で総合職として働きたいと考えています。
>
> 　御社の総合職の職務内容は、OB 訪問させていただいた御社の〇〇様より詳しく伺いました。
>
> 　この仕事には、私の強みである〇〇を活かすことができると考えております。この強みは、学部3年生のときに、〇〇〇に打ち込むことで身に付けました。
>
> 　御社の〇〇〇という業務に、この経験で身に付けた〇〇を活かしたいと考えています。

自己 PR 的例1

私は物事を冷静に見極め行動することができる。

私は常に担当テーブルの状況を観察し、「そろそろ食後のドリンクが欲しい頃か」などお客様の要求を予測して行動するよう心がけた。当初はマニュアルを守るためだけに必死で仕事に追われることばかりだったが、先を予測することで臨機応変に行動できるようになった。

その結果として、円滑に作業が進むようになっただけでなく、お客様からお礼を言われることが多くなった。相手の望む事を予測して行動する事で、より大きな満足感を与えることができると学んだ。

今後も、お客様の行動を予測する事で、満足・安心の環境づくりを心がけていきたいと思う。

自己PR的例2

　私のモットーは、「前向き」です。自分の気持ち次第で、困難は楽しみに変わると考えています。

　サイクリング部の長期合宿では、必ず何日か悪天候に見舞われ、快適な状態で走れない日もありました。大雨・強風は体力の消耗を早め、気力の維持が困難ですが、そんな時こそ「今日は体力をつけるチャンス」と前向きに考え、気持ちを切り替えて走りました。その積み重ねは、体力はみるみる増加させ、タイムレースでは部内でNo.1になり、困難な状況はより自分を磨く最高な状況である事を学びました。

　入社後も、困難な状況は自分を高めるチャンスであると考え、前向きに取り組んでいきたいと思います。

自己PR的例3

　私は仲間と協力して、一つの問題に取り組むのが得意です。1年前、私がアルバイトとして働いていたレストランではアンケートの回収率の低さが問題となっていました。そこで私はアンケート回収率を向上させるために、まず店員の意識改革に取り組みました。

　バイトが終わった後など、時間を見つけては一人ずつアンケート回収の重要性について話し合い、次に定期的に皆でアイデアを出し合って、共有するような時間を設けるよう店長に提案しました。その結果、朝のミーティング時に各自アイデアを発表するようになり、全店員が協力して問題に取り組む姿勢になりました。アンケート回収率がT夫を行う前に比べ6％上昇し、店舗に貢献できました。

自己PR的例4

　私は、あきらめの悪い性格です。

　現在、私は服飾店で3年間アルバイトをしており、「顧客満足」を目標に仕事に取り組んできましたが、つい3ヶ月前、店長が代わり、店舗の方針が、利益優先になりました。顧客の満足は軽視されるようになり、たとえば、お客さんの話をじっくり聞くなど、利益優先の立場からは効率が悪く見えることが次々と廃止されるようになりました。

　しかし、私はどうしても納得が行かなかったため、顧客満足の重要性を店長にアピールし、自分で考えたサービスの導入を提案したことがあります。一度は断られましたが、アピールを重ねた結果、一部のサービスについては、私の提案を採用してもらえました。現在も、アピールし続けています。

　私の志望する営業職には、顧客に提案を断られることが何度もあると思いますが、そのような職種にこそ、私の性格が向いているのではないかと思います。

---

6. 可能用到的相关词汇和句子

責任感がある	行動力がある	統率力がある	宣伝力がある
専門知識で貢献	向上心がある	発想力がある	顧客満足度の追求
成長力・成長意欲がある	体力・スタミナ・精神力	熱心さ・地道に努力できる	短い言葉で伝えられる
素直さ	柔軟性がある	陽気	英語力がある
日本語力がある	交渉力・ネゴシエーション力	コミュニケーション力がある	リーダーシップ
サブリーダータイプ	ディベート力	チャレンジ精神	負けず嫌い/競争心
現状に満足しない	誰とでも打ち解けられる	傾聴力/人の意見を聴く力	人と話すことが好き
楽天家	調査能力・分析能力	改善点を見つける	実行力がある
明るさ	まじめ	根気がある	慎重な性格
体力・根性に優れる	好奇心が豊富 好奇心旺盛	アイデアマン・アイデア豊富	努力家・地道に努力でき
プラス思考 ポジティブ思考	積極性がある、積極的	度胸がある、堂々とできる	学習意欲がある
営業力を磨いた	挫折経験がある	自己管理能力 タイムマネジメント力	人の嫌がる仕事ができる
発声力がある	プロ意識をもつ	前向きな姿勢	謙虚さ
パソコンが得意	協調性がある、協調を重んじる	主体性がある、主体的に考えることができる	持久力に優れる
最善策を探す、ベストを尽くす	共感力、相手の立場を受け入れる	プレッシャーを楽しめる	人をマネジメントした経験がある
時間を守ることができる	失敗を糧に成長できる	妥協しない	顧客を大切にできる
柔軟な接客ができる	あきらめない性格	大局を見て判断する	約束を必ず守る
工夫を凝らす	顧客目線で行動できる	サービスの質を高める	チームでの活動経験がある
課題解決力がある	観察力、洞察力、気がつく力がある	不満をチャンスに変える	面倒見が良い
物腰の柔らかさ	有言実行	笑顔と相槌	資格取得で得たもの
インターンシップで学んだこと	PDCAサイクルを実践できる	人を巻き込んだ経験	ハングリー精神・貪欲さ
読書家	誠実さ	留学経験がある	

7. 应聘理由（志望動機）

　　日企很重视来公司应聘者的应聘理由，对于即将毕业或刚毕业的大学生如何写好应聘理由也很重要。

　　应聘理由的写法框架：

　　(1) 先写结论。

　　(2) 希望进入这个行业的想法、动机。

　　(3) 希望进入这家公司的想法、动机。

　　(4) 进入公司后，想做什么、能做什么。

　　(5) 表决心。

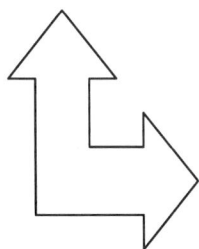

> ①結論「私は○○です。」「○○なので、この会社志望しました。」
> ②業界志望理由「というのも、この業界は～」
> ③企業志望理由「その中でもこの会社を魅力的に感じた理由として～」
> ④その会社でやりたいこと「もし入社することができたら」
> ⑤自己 PR、決意表明

例1：应聘产品开发岗位的理由

　　志望動機は、健康学を生かした仕事をしたいと思ったからです。在学中は、栄養学を専攻していました。以前から心と体の健康と食事の関係に興味があり、大学でも集中して学んできました。今後は超高齢化社会を迎え、健康への関心がさらに高まるはずです。大抵の企業が栄養面にのみ目が行っていますが、貴社は、心にも配慮されていることに共感を覚えました。また、貴社の社員にOB訪問をさせていただき、詳しいお話をうかがいました。社員全員で目標に向かっている会社であり、自分の知識や経験を生かせる環境がそろっていると感じました。これらの理由から、貴社で働くイメージが強く湧き、志望いたしました。専攻である栄養学を、商品開発部で活かしていきたいです。入社後は、貴社の商品開発で活かして貢献いたします。

　　未熟な点もあり、ご迷惑をおかけするかもしれませんが、意欲と健康に対する熱意は誰にも負けません。よろしくお願いいたします。

例2：应聘营业战略岗位的理由

　　私が貴社を志望した理由は、商品の開発から販売までの全ての工程において、顧客視点を反映させた営業戦略を貫いているところに強く共感したからです。なぜなら私自身アルバイトを通じて顧客満足が売上に直結すると、経験してきたからです。

　　また、責任ある仕事を若手社員にも任せていただける環境の中で、私の積極性と成長意欲を存分に発揮し、成果を出したいと思いました。さらに、国内シェアトップを誇る貴社の、今後は世界シェアを獲得するというグローバルな方針にも志望いたしました。

例3：应聘食品工厂的理由

　　私が食品メーカーを志望した理由は、食の重要性を伝える貴社の役に立ちたいと思ったためです。

　　食事は体を動かすエネルギーという役割だけでなく、人と人の関係を深めたり、幸せを感じたり、健康を維持するためにも欠かせないものです。

　　どれほどテクノロジーが発達しても、人間と食は切り離せるものではなく、技術が発展していくからこそ、生活の根幹である食事の大切さを忘れてはいけないという使命感から、この業界を志望いたしました。

　　生産から流通といった食品に関わる全てを担う食品業界トップの御社で、営業として、「食」を中心としたコミュニケーションやヘルスケアを多くのお客様に伝えたいと思っております。

例4：应聘 IT 行业的理由

　　私はITを通じ、社会の基盤づくりに貢献したいと考えています。

　　現在のIT事業はインフラ化し、生活に欠かせないものとなっています。私は基盤をより確実にしていくことによってこの社会が安定し、より豊かな生活ができるための仕事をしたいと思いました。

　　その中で、御社を志望した理由は、電力システムという社会の土台作りに貢献できる企業であることと、高度な技術を一般市場に向け、更なる成長に進むチャレンジ性に魅力を感じたからです。大学で専攻していた○○の知識を活かし、貴社に貢献していきたいと思っています。

三、面試

——面接

　　面接は、入学試験や就職など試験においてやカウンセリングや聞き取り調査などで用いられる行為である。面接の目的は、書類や筆記でのアンケートないしテストでは判断ができない人物像や能力・思想などを、実際に会って見極める事にある。そのため、大抵の場合は氏名や住所・経歴等について事前に書類やアンケートで調べ、ある程度情報を仕入れた上で面接を行うのが一般的である。

　　不仅是面试，做任何事情给人的第一印象都是至关重要的。想要给对方留下好印象，爽朗的态度是必需的。在面试时，第一印象也能成为一种武器。

面试的前期准备工作

1. 知己知彼

第一是对招聘公司的了解。

需要进入这家公司的官网,查看一下这个公司的简介,要大体了解清楚公司的基本情况,如公司的企业文化、经营理念、经营的项目或范围等,这样当面试官问起你对我公司是否了解时,就能回答出来,也显示你要来这家公司工作的诚意。同时在了解公司的各种情况后,也可判断一下自己是否适合这家公司。

第二是对招聘岗位的了解。

要了解招聘岗位的工作内容,在判断自己适合这项工作的同时,也向面试官说明自己适合这样的工作岗位。

第三是对自己的了解。

你要清楚地知道自己的优势与劣势,尽量把自己的优势和强项展示给面试官。提前想好面试官可能问到的一些常见问题,以免措手不及。

2. 守时

要了解日本人守时认真的性格特点,在日本人看来,守时是一个人的必备品质。值得注意的是,守时不仅指迟到,还指早到。如果早到的话,对方可能有其他的安排,或者还没有准备好,会让人措手不及,最好是提前五分钟到。比如面试时间定在上午9:00,那么按照日本人的思维习惯要在8:55左右到场,所以参加面试也必须提前五分钟左右到场。如果面试迟到,基本上就没有多大希望了。

3. 注意细节

要穿戴整洁,着装得体,男士可着西装、系领带,女士可着职业装。求职者可以去做一个发型,但不要染色,或者把头发洗干净,梳好。准备好应聘服装,如果有褶皱,就用熨斗熨好,皮鞋要擦亮。女生淡妆上脸,男生要干净整洁,总之,整体看上去要给人舒服的感觉,不过切忌喷很浓的香水。

4. 准备好所带物品

包括一份简历、身份证和相关证书原件等资料。

面试开始前10分钟要检查的6项礼仪

1. 姿势

收腹,背脊自然挺直。腿适度分开,手轻轻握拳放在膝盖上。

2. 眼神

发言或听面试官说话时要看着面试官的眼睛。

3. 用语、语气

避免朋友之间使用的学生腔。为了向面试官表示敬意，要注意使用敬语。

4. 外表

穿着要避免邋遢或给人疲倦感。要仪表整洁，展现出清爽的一面。

5. 音量

在喉咙内发声难免含混不清。要把嘴巴张大，爽利地、大声地、清晰地说。

6. 动作、习惯

要注意不要出现跷二郎腿、抖腿、东张西望、冷笑、摸头发等小动作。

面试中的基本礼仪

面试时如果能认真遵守基本礼仪，面试官会认为你具备了基本的社会常识，从而留下好印象。这一点出乎意料地重要，也是能使面试顺利进行的要素之一，尤其是对注重外表的面试官很有效。给面试官留下好印象的窍门是：

（1）良好的礼仪、礼节；

（2）会使用敬语。

具体基本注意事项：

（1）和用人单位约好面试时间后，要计算路程所需时间，包括可能的塞车时间。日本人以守时著称，一定要提前5～10分钟到达面试地点，调整自己的心态，作一些简单的仪表准备，以免仓促应战。有条件的话最好能提前去一趟，以免因一时找不到地点而迟到。

（2）进入面试场合时不要紧张。如门关着，应先敲门，得到允许后再进去。开关门动作要轻，以从容、自然为好。见面时要向招聘者主动打招呼问好致意，如：お邪魔いたします、失礼いたします、おはようございます、こんにちは等。在用人单位没有请你坐下时，切勿急于落座。用人单位请你坐下时，应道声"ありがとうございます"。坐下后保持良好体态，切忌大大咧咧，左顾右盼，满不在乎，以免引起反感。离去时应微笑起立说声"ありがとうございました"。

（3）对用人单位提出的问题要认真聆听。为了表示你已听懂并感兴趣，可以在适当的时候点头或适当提问、答话。回答主试者的问题，口齿要清晰，声音大小要适度，答话要简练、完整。一般情况下不要打断用人单位的问话或抢问抢答，否则会给人急躁、鲁莽、不礼貌的印象。问话完毕，听不懂时可要求重复（もう一度お願いします）。

（4）在整个面试过程中，保持举止文雅大方，谈吐谦虚谨慎，态度积极热情。如果用人单位有两位以上面试官，回答谁的问题，目光就应注视谁，并应适时地环顾其他面试官以表示对他们的尊重。谈话时，眼睛要适时地注意对方，注意不要出现东张西望、摸头发等小动作。否则日本人会认为你并没有在听他讲话，这在他看来是非常不尊重人的，也显得缺乏自信。

要冷静地保持不卑不亢的风度。

如何摆脱面试恐惧心理

1. 保持平和的心态

既然想应聘,那就应该相信自己能胜任这份工作,有一种我能行的自信。并做一些心理暗示,鼓励自己说:我很优秀、我很棒、我一定能成功之类的话,降低面试时的紧张程度。这是个双向选择,正确认识自己和对方公司,过于低估自己的能力或认为所面试公司高不可攀,往往表现得信心不足,成功率也相对较低。

2. 转移注意力,把紧张情绪说出来

避免与面试官目光的对峙,可以把目光放在面试官的脸脖肩三角区,这样就消除一些紧张,也会显得自信从容许多。面对面试官做自我介绍时可以大胆说出来:ちょっと緊張します。申し訳ございません(我有点紧张,还请见谅)。其实大家一般都会理解你的心情,更不会嘲笑你。把内心压抑的紧张情绪说出来,反而会轻松很多。

3. 用诚意打动面试官

初次面试,没有什么经验,但不一定不被公司录取。在面试官面前表现出足够的诚意,坦诚表达自己的想法,不要说谎,更不要夸夸其谈。面试官对你说话时,你要用心听认真想,正确地理解和判断他的意思,真诚的态度也同样能打动面试官。

面试中表现出紧张情绪也很正常,但要懂得调整,随着面试的开始,紧张情绪就有可能完全消失。在战略上重视,在战术上还得有“天要下雨,娘要嫁人,随它去吧!”的潇洒,或许成功就离你不远了。

面试中经常会问到的问题

自己PRは?	学生時代に頑張った事は?
長所は?短所は?	当社の志望動機は?
この業種を選んだ志望動機は?	この職種を選んだ志望動機は?
自分を漢字一文字で表すと?	尊敬する人は?
10年後はどうなっていたいですか。	職業観は?(あなたにとって仕事とは?)
アルバイトは何をしてましたか。	クラブ活動は何をしていましたか。
趣味・特技は何ですか。	挫折した時はどうしますか。

（续表）

他社の進行状況は？	社会人と学生の違いは何だと思いますか。
友人からどのように思われていますか。	あなたの力を弊社でどのように生かせますか。
企業選びの基準は？	今朝の新聞で気になった記事は？
弊社の強みと弱みは何だと思いますか。	弊社の商品をどう思いますか。
転勤は大丈夫ですか。	弊社の志望順位は？

下面列举一些面试中回答面试官问题的案例，供参考。

問題1：自己PRをしてください。自己PRをお願いします。

面试中，"请说说你的PR"这样的问题基本上会被问到。回答时或许有时间限制，面试前你可以自己私下按照时间（30秒、1分钟、2分钟）练习一下，做到有备无患。

PR的写法在上一节简历部分有介绍，请留意。

問題2：あなたの長所を教えてください。

回答例：（1）私は○○のような性格です。

　　　　　　　○○に自信があります。

　　　　　　　○○することができます。

　　　　　（2）□□の際には△△することができた。

　　　　　（3）貴社でもこの力を活かしていきたい。

上面列举的只是基本框架，根据每个人的不同情况进行具体回答。

类似问题：

●長所・短所をお話ください。

优点＝缺点，长处短处都不宜多说，一般说一到两个然后带过。尤其是说自己的短处，要模棱两可，不要把自己的短处暴露得过于明显。这里要说得有技巧，类似「長所は○○ですが、短所は○○する余り～する傾向があります」。

問題3：学生時代に力を入れた事は？それによって学んだ事は？

回答例：（1）○○に力を注いでいた。

　　　　　（2）□□のような壁に当たって、くじけそうになったが、△△のような努力をすることで乗り越える事ができた。

　　　　　（3）この経験から・△△のような事を学んだ。

　　　　　（4）貴社でも　△△を活かしていきたい。

> **例**
>
> 居酒屋でのホールスタッフのアルバイトです。
>
> 少ないメンバーの中でいかに効率よく仕事をこなし、売り上げ数をあげるかということを目標にしていました。私は常に他のスタッフの動きに気を配り、例えば帰られたお客様のテーブルのお皿を下げている時は、次に必要となるものは台ふき、新しい取り皿だと常に先を読み行動することを心

がけていました。また、スタッフ間で嫌な仕事を擦り付け合うことがないように、汚物の処理や迷惑なお客様への注意を率先して行っていました。

　このように少ない人数の中で効率性を重視する為お互い支え合うという意識が徐々に共有され、スタッフ間での意識が大きく変わったように思いました。仕事の合間にスタッフ間で「有難う」と言う言葉が多く飛び交い、売り上げ120万を達成し、エリアナンバー1を得ることが出来ました。

問題4：成功体験、失敗体験を教えてください。

成功经验的说法就像上面「学生時代に力を入れた事」那样说也可以。失败的经验在这里没有举例，说法也可以参考上面2，把它变换一下就可以。最后要有个总结性发言，比如：最后はこの教訓を貴社で生かしていきたい。

类似问题：

●成功した体験を話して下さい。また、成功した原因は何だと思いますか。

●失敗した体験を話して下さい。また、失敗した原因は何だと思いますか。

問題5：直面した困難なことと、それをどうやって乗り越えたか。

把「学生時代に力を入れた事」的说法稍作改动即可。

类似问题：

●過去に直面した、困難な状況をどのようにして克服しましたか。

●挫折した時の話をしてください。

说起挫折，总会让人不舒服，不妨这样说「挫折しそうになりましたが、○○のようにして乗り越えました」。

> **例**
>
> 　なぜこのような状況になったのか、どうしたらこの状況が改善されるのかなど、冷静に自分の中で考えます。
>
> 　そうしたら必ず打開策が見つかると考えているからです。
>
> 　それでもどうしようもないときは家族や友人、周りの人に相談したりして解決策を見出していきます。

問題6：志望動機は？

回答例：（1）私は○○のような企業で働きたいと思っている。

　　　　　　～ことをしたいと思っている。

　　　　（2）貴社は△△を実施するなど、○○を実現できる企業であると感じた。

　　　　（3）私も貴社の一員となり…。

> **例**
>
> 　一番の理由は社員の士気の高さです。
>
> 　アルバイトで産経本社に3年間通っています。休憩室でもある喫煙所には新聞紙片手に紙面の編集を練り直し談義している人をよく見かけます。より良い新聞作りを目指している向上心の高さにいつも感心させられているからこそ、私もここの一員になって新聞を作りたいと強く思いました。

問題7：入社後にやってみたいことは？

把「志望動機の1」详细说下即可，或者述说以前的经验、经历，然后跟面试官说：我想从事类似这方面的工作。

类似问题：

●どんな仕事をしたいですか。

問題8：この業界を選んだ理由は？

回答例：（1）学生時代に○○のような事をやってきた。

　　　　（2）この経験から将来は□□のようなことをしたいと思った。

类似问题：

●この業界の未来はどう思いますか？

日企对这个问题很感兴趣，只有有备而来的求职者能够过关。求职者可以直接在网上查找所申请的行业、部门的信息，只有深入了解才能产生独特的见解。

問題9：あなたの能力を当社でどのように活かせると思いますか。

回答例：私は相手の立場になって物事を考えることができる。

　　　　（这里可以举出一些例子）

　　　　貴社の営業は提案型営業だと伺っております。

　　　　常にお客様の立場になった提案を行なうことで信頼と実績を勝ち取っていきたいと思っています。

类似問題：

●あなたの力は当社でどのように活かせますか。

结合自己的强项和应聘职位来说会好些。

> **例**
>
> 　私が大学で学んだ知識そのものは直接貴社の事業内容に関係するものではありません。
>
> 　しかし、私が学問に取り組む上で身につけた、一つのテーマに向き合い、考え抜く姿勢は社会に出ても必ず求められる能力だと考えています。
>
> 　貴社に入社して新規事業に関わる際など、私のこうした思考や態度を活かすことができる場面はたくさんあるのではないかと考えています。

問題10：アルバイトは何をしていますか？

说法按照简历中所提到的内容。

問題11：課外活動は？クラブ活動は？

> **例文**
>
> 　和太鼓研究会での活動です。
>
> 　奏者としてだけでなく、マネージャーとして練習時間の管理や公演会場のセッティングなども担当しました。より良い演奏を観客に届けるため、どこを改善すべきか、仲間とぶつかることもありましたが、共にやりきるよろこびは拍手を頂く瞬間以上に得難いものだと感じました。練習によるマメの跡で、皮膚が厚くガサガサになった掌は今の私の自信の源です。

类似问题：

●クラブ活動でのあなたの役割は？

●クラブ活動を辞めた理由は？

問題12：当社に新商品を提案してください。

要说对开发新产品的建议就很难，可以考虑对现有的产品提出建议。

問題13：当社の商品についてどう思いますか？

是谈自己的真实使用感受，还是谈自己的其他想法，根据具体情况而定。

> **例**
>
> 　貴社の○○は愛用しておりますが、△△のように感じました。他社競合品と比較しても明らかに効果が実感でき、何度も使いたくなる商品です。

問題14：趣味は？

> **例**
>
> 　お菓子作りです。
>
> 　高校時代、料理部に所属していたことがきっかけとなり、お菓子作りに熱中するようになりました。
>
> 　今は食の安全が問題となっているので、無添加のお菓子作りに挑戦しております。そして作ったお菓子は学校、サークルで配り、皆から好評も得ています。

問題15：友人からどのように思われていますか？

> **例**
>
> 　私はよく友人に「誰とでも仲良くなれるね。」と言われます。私自身普段から誰とでも仲良く接しようと心がけており、苦手な人がいても相手にそれを悟らせないように振舞います。私はこれをよい評価であると認識していますが、この評価を崩したくないと、人に意見を言うべき場面で自分を抑えてしまうという悪い側面を生んでしまっていることも同時に認識しています。従って今後は人に煙たがれることを覚悟する勇気を持つことを自分の課題にしたいと思っています。

問題16：尊敬する人は？

> **例**
>
> 　サッカー選手の中田のように、自分の意志（夢）を貫き通し、達成してしまう人を尊敬します。私も～という事を言おうと考えていました。

問題17：当社の強み、弱みは？

这里注意礼貌,说法不要让对方尴尬或不满,可以尝试下面的说法。

第一种回答方法：

「弱みではないと思うのですが、〇〇すると新しい顧客も増えて一層事業が拡大するのではないでしょうか？」。

第二种回答方法：

強みは、製品の独創性だと思います。

例えば〇〇など、他社にはない魅力があり、根強いファンがついていると思います。

弱みは、その独創性がゆえ、ライトユーザの第一選択になりにくい事だと考えます。

問題18：社会人と学生の違いは？

比较普通的回答是「やっぱり給料をもらうし、責任感が大事なのかな」,再考虑一下是否有更好的回答。

> **例**
>
> 　学生と社会人の大きな違いは、責任だと思います。学生はお金を払って自分を磨く権利を与えられます。社会人になったら、お金をもらってお客様を満足させる義務が発生します。
>
> 　サボって困るのは自分だけな学生時代とは違い、社会人は周りの人達を巻き込んでしまうので、与えられた役割はこなす責任があります。

問題19：転勤は大丈夫ですか？

一般也只能说「希望勤務は〇〇ですが、必要なら全国どこでも転勤します」。

> **例**
>
> 大丈夫です。自身の力を発揮でき、また高める事ができる職場で働きたいと考えています。

問題20：当社を受けることを家族は知ってますか。

这里注意，或许对方在考察你和家人平时对一些问题是否有沟通交流的习惯。

問題21：大学の勉強とは全く違う分野の仕事ですが、大丈夫ですか。

这样说比较有说服力，「過去にも未経験で乗り越えた話をして、やっていけます」。

問題22：10年後のビジョンは？

虽然在问工作方面的事情，但也可以聊聊个人打算或计划。当然要说：「御社が第一希望です」。

其他常见问题

●残業は多くても大丈夫ですか。

●休日出勤があるかもしれませんが、よろしいですか。

●弊社の志望順位は？

●最近関心のある事は？

●なぜ、その資格を取ったのですか。

●今まで一番感動したことは？

●今まで一番悲しかったことは？

●一番の強みは？

●最近のニュースで興味を持ったものは？

●当社のイメージは？

自我介绍

自我介绍就是简单地介绍自己的基本情况，其实就是一种寒暄和开始交流的前奏，进而展开话题，而自己 PR 主要是介绍自己的能力、优点、强项等。

1. 自我介绍的内容

◎大学・学部・学科名

◎氏名

◎学校で学んできたこと、成果

◎学業以外の活動・特技、成果
◎趣味、特技
◎企業に対して魅力に感じている点を一言で
※面接で聞いて欲しいこと（PRしたいこと）に触れる
◎あいさつ

2. 基本框架

〇〇大学◇◇部△△学科の●●●●と申します。

大学では、XXXXXを専門としております。

趣味はサッカーで、特技はリフティングです。

学業以外では、飲食店のアルバイトをしており、現在、アルバイトリーダーとして後輩3名の育成にも携わらせていただいています。

本日はどうぞ宜しくお願いいたします。

例1

マイナビ大学国際教育学部国際経済学科から参りました、山田太郎です。

ゼミではAESANの経済発展と課題について研究しており、同じ分野を研究している他大学の学生との意見交換会の運営リーダーを担っています。

学業以外では週2回、シンガポールやベトナムなどの海外からの留学生に日本語を教えるボランティア活動をしています。ゼミとボランティア活動を通じて、大勢の人に働きかける積極性と行動力を身につけることができました。

国際的に活躍したいと思っており、中国をはじめとするアジア圏での事業を拡大中の御社に魅力を感じ、志望しました。本日はよろしくお願い致します。

例2

こんにちは（初めまして）。XXXと申します。今年は23歳です。出身地は深圳です。2014年深圳職業技術学院に入学して来年7月卒業見込みです。専門は日本語ですが、それ以外、ビジネス知識も勉強しました。趣味は読書（音楽、サッカー）です。

三年間、大学で、真面目に専門知識を勉強して国際日本語能力試験2級と大学英語4級テストに合格しました。今後の仕事に役立つと存じております。そして休暇を利用してアルバイトしたり、部活に参加したり、ボランティアしていました。自分の能力を向上させました。

私は誠実で性格が明らかで自信を持っております。

新卒ですが、勉強したものや経験したものを生かして責任を持って力を尽くして頑張りたいと存じます。チャンスをいただきたけますよう、よろしくお願い申し上げます。

以上です。

　　进行自我介绍的时间一般在1分钟左右,至少不要让面试官感到不足或厌倦,字数约为250～300字。

　　在面试过程中,也会出现有面试官指定时间的情况,如「30秒で自己紹介をお願いします」、「2分で自己紹介をお願いします」等。

3. 有可能用到的词汇和句子

　　(1) 有自己的见解,上进心强,懂得抓住身边每一个机会。

　　自分なりの見解がある。向上心は強くて、身回りのすべての機会を捉えることができる。

　　(2) 做事认真,脚踏实地,坚持不懈,团队意识很强。

　　物事に対して真面目で着実に行う。努力を怠らなくて団体意識が強い。

　　(3) 热心,比较耐心,富于团队合作精神。有较强的学习能力,对新事物的接受能力较强,责任感强。

　　熱心で比較的に辛抱強く、チームワークという精神に富む。学習能力も新しい物事を受け入れる能力も高くて強い責任感がある。

　　(4) 性格开朗、态度积极、组织能力强、自我分析改善能力较强。

　　朗らかな性格で積極性と組織能力が強い。自分で足りないところ(不足)を改善することができる。

　　(5) 本人积极进取、性格乐观、待人谦虚、做事认真负责、责任感强、具有团队精神。

　　積極的に自分を向上させ、性格は楽観的で、謙虚で、何をやっても真剣で責任感を持ち、強い団体意識もある。

　　(6) 性格开朗,处事乐观,沟通能力强,遇到困难不轻易放弃,懂得自我调节,有一定的组织能力,有上进心。

　　性格が明るく、コミュニケーション能力も良好で、いつも積極的な態度をもって物事を扱う。また、困難に直面でき、諦めない。自己調整力も強い。組織力があり、向上心も強い。

　　(7) 克服自己的不足之处,认真工作,可以成为一位优秀的管理人员。学习认真,接受新事物能力强,乐于助人。

　　自分の欠点を克服して真面目に働いて、優秀な管理員になるように頑張りたいと思います。真面目で、新しいことを受け入れやすく、人を助けることが好きです。

　　(8) 不轻言放弃,能够保证工作质量的同时保证效率。有责任心,处理问题能力强。有良好的沟通能力和团队组织能力。能较快融入一个新的团队。做事目标明确。

　　どんな事に会っても、諦めない。仕事をよく完成する同時に、効率も重視している。仕事に対する責任感があって、問題を処理する能力がより強いです。コミュニケーション能力と団体意識があります。新しい団体に早く打ち解ける能力があり、明確な目標を持っている。

　　(9) 学习认真,刻苦,富有团队精神,有很好的发展潜力。

　　学習態度は真面目で、苦労を惜しまない。チームワーク精神があり、潜在能力が高いと思っている。

（10）积极上进，性格开朗，能很好排解压力。做事认真负责，吃苦耐劳，有强烈的团队合作精神。熟能生巧，勤能补拙。热情开朗，学习勤奋，有毅力。

性格は楽観的なので、自分自身でストレスを解消できるし、どんな事にあっても、諦めない。仕事に対しては責任感があって、苦しみや辛さを堪え忍んで、団結と協力の精神がある。熟練すればコツがわかる。習うより慣れよ。本人は明るくて勤勉で、根性がある。

四、商务电子邮件
——ビジネス電子メール

連絡、報告などのビジネスには欠かせない電子メール。ビジネス用のメールは、基本パターンに従って簡潔に書くのがポイントである。恥ずかしいメールを送ることがないように、ビジネスメールの書き方ルールをまとめた。

电子邮件的确方便，但并不是任何时候都是恰当的手段。如有紧急事情，想立刻联络到对方，或者想跟对方道歉时，当面道歉或者打电话比较好。要考虑具体情况，选择最恰当的沟通手段。

※急事不使用邮件。

即使对方不在，也可以发送邮件。但是，发送的内容，对方不一定立刻会看。有紧急情况时，原则上使用电话。

※重要的事情，发送邮件的同时也要进行电话确认。

发信系统万一出现问题，邮件可能没有发送成功。内容重要时，先用电话说一声：我会发邮件给您，我刚刚发送了邮件等。

※复杂的事情，同时使用邮件和电话。

商务电子邮件的格式

1. 邮件标题

主题应简明概括出整个邮件的内容，仅看标题就可以大体知道内容，便于收件人权衡邮件的轻重缓急，分别处理。比如「【ご連絡】8月13日（水）会議場所的变更」「〇〇番号サンプルの送付について」「〇〇製品の本番進捗」「春節休みのお知らせ」，标题简单明了。

（1）标题要简明扼要；

（2）主题一定不要空白；

（3）主题应简短概括出邮件的内容和重要性；

（4）一封邮件尽可能只针对一个主题；

（5）主题不可出现错别字和语句不通顺的情况。

针对回复的邮件，要重新添加或更换邮件主题。

另外一个很容易被我们忽略的地方，"显示发件人名"，这是指我们给对方发信时，在对方电脑上显示出我们的名字。可以在邮箱设置一栏中"是否显示姓名"进行显示姓名设置。发给日本人最好用汉字。

2. 称呼与问候

1）恰当称呼收件人

这既显得礼貌，也明确收件人。写清对方的社名、部门名、职位、姓名、敬称，称呼是第一行，应顶格写。如：

株式会社○○

△△部××課長　山田　太郎　様

2）邮件的开头和结尾都要有问候语

邮件开头不需要写时节问候语的时候，用「お世話になっております」等简单的问候语开始。对客户用敬语，一般用です体、ます体。

如果是第一次和对方用邮件联系，问候部分就应该这样写：

突然のメールで失礼いたします。

如果是超过两次和对方用邮件联系时，问候部分要类似如下写法：

いつもお世話になります。

3. 正文部分

正文的具体内容要用5W2H（什么时候、在哪里、和谁、为什么、做什么、怎么做、多少）。

（1）正文简明扼要，行文通顺；

（2）注意邮件语气，请、谢谢之类的语句必不可少；

（3）尽可能避免错别字，合理提示重要信息；

（4）少用或不用表情符号，以免显得轻佻；

（5）注意字体、字号及颜色，应该清晰可读。

（6）一行大概35字左右。

4. 附件

如果有附件，就要在结尾部分提示对方，引起对方注意。

（1）在正文中提示收件人查看附件；

（2）附件文件命名应该能够概括附件的内容；

（3）正文中应对附件做简要说明，特别是带有多个附件时；

（4）附件数目不宜超过4个，数目较多时应打包压缩成一个文件；

（5）如果附件较大，建议分割成几个小文件分别发送。

5. 结尾署名

在邮件的最后加上署名。署名中包括公司名、部门名、公司地址、姓名、电话号码、邮箱等。

6. 回信的时机

商务中的时间是非常关键的，迅速地回复邮件是最理想的状态。

差出人	ウーマン商事青山 〈aoyama@womanshoji.co.jp〉	
あて先	abc 株式会社田中様 〈tanaka@xxxxxabc.ne.jp〉	①
ｃｃ		
件名	4 月 20 日お打ち合わせの件　青山 ②	
添付	×××資料 .jpg（85KB） ③	

abc 株式会社　④
田中洋一様

いつもお世話になっております。 ⑤
ウーマン商事の青山です。　　⑥

4 月 20 日（火）のお打ち合わせの件ですが、
課長の鈴木と 2 名で御社にうかがいますので、
よろしくお願いいたします。

なお、お打ち合わせの資料を添付いたしますので、
恐れ入りますがご参照くださいますよう
お願いいたします。

＊＊＊＊＊＊＊＊＊＊＊＊＊＊＊
ウーマン商事株式会社　企画部
青山花子
〒108-000X
東京都港区白金 1-17-××
TEL03-0000-1111　FAX03-0000-0000
E-mail　aoyama@womanshoji.co.jp
http://wol.nikkeibp.co.jp/

① 相手のアドレスに間違いがないか、送信前に必ず確認。相手のアドレスは登録して「○○社○○様」とあて先に表示するようにしてから送信する。差出人（自分のアドレス）も会社名と名前を登録し、誰からの送信かが一目で分かるようにするのがマナー。迷惑メール対策にもなる

② 分かりやすい件名をつけること。スペースに余裕があれば、差出人の名前を入れる

③ 添付ファイルを送るときはデータ容量に注意。容量が重いときはファイル転送サービスを使ったり、分割や圧縮を

④ 受取人の社名、名前を必ず入れる

⑤ 簡単な挨拶文を入れる

⑥ 自分の社名、名前を記す

⑦ 相手がスクロールしなくても読める長さに簡潔にまとめる。本文は 1 行最大 35 文字程度で、区切りのよいところで改行し、段落ごとに 1 行空けると読みやすい

⑧ 自分の署名を入れる

开头问候

いつもお世話になります。
いつもお世話になっております。
いつも大変お世話になっております。
いつもご利用ありがとうございます。
いつもお引き立ていただき、誠にありがとうございます。
いつも弊社サービスをご利用いただき、お礼を申し上げます。
いつも格別のご協力をいただき、ありがとうございます。
貴社ますますご清栄のこととお慶び申し上げます。

ご無沙汰しております。
先日はありがとうございました。
早速のご連絡ありがとうございます。
ご連絡が遅くなり、大変申し訳ございません。
ご連絡ありがとうございます。
ご連絡いただき、ありがとうございます。

毎度ありがとうございます。
毎度引き立ていただき、厚くお礼を申しあげます。
日頃より弊社製品をご利用いただきまして、誠にありがとうございます。

格別のご愛顧を賜り、心よりお礼を申し上げます。
格別のご愛顧を賜り、従業員一同心より感謝しております。

平素は格別のお引き立てをいただき、ありがとうございます。
平素は格別のお引立てに預かり厚くお礼を申しあげます。

初めてメールをお送りさせていただきます。
突然のメール、失礼いたします。
お忙しいところ、恐れ入ります。

结尾问候

今後もお付き合いよろしくお願いします。
今後ともよろしくお願いいたします。
今後ともお引き立ての程、よろしくお願いいたします。
今後ともよろしくご愛顧のほどお願いいたします。

ご連絡お待ちしています。
ご連絡をお待ち申し上げます。
ご連絡いたださますようお願い申し上げます。
早急にご対応いただきますようお願いします。

ご指示ください。
ご指示いただきますようお願いいたします。
お返事いただけると幸いです。
お返事をお待ち申し上げております。
お知らせいただけますと幸いです。
2月1日までにお返事いただきますようお願いいたします。

ではよろしくお願いいたします。
ご協力よろしくお願いいたします。
ご協力いただけますよう、お願い申し上げます。
誠に勝手なお願いではございますが、よろしくお願いいたします。

それでは失礼いたします。

メールにて失礼いたします。
ご検討くださいますようお願い申しあげます。
ぜひご検討いただきますようお願い申し上げます。
ぜひ一度ご覧いただきますようお願いいたします。

まずはお礼まで。
取り急ぎ、お礼まで。
取り急ぎ、お返事まで。
取り急ぎご連絡申し上げます。
取り急ぎお知らせいたします
お詫び申し上げます。
深くお詫び申し上げます。
重ねてお詫び申し上げます。

商务邮件实用句子

（1）表示提示发送内容。
～をお送りいたしました。
（2）表示提示附件。
添付ファイルは～です。
ご確認お願いします。
～を添付いたしました。
（3）表示对邮件的内容不明白，向对方请教。
～は（を）教えていただきたいです。
～に関していくつか教えていただきたいと思います。
～のため、～を至急教えていただきたいです。
（4）表示请示。
～はよろしいでしょうか。
（5）给对方添麻烦了的最后致辞。
お手数ですが、宜しくお願い致します。
（6）感谢对方的联络，对按照预期完成出货计划表示放心了。
ご連絡ありがとうございます。
予定通り出荷されており、安心しました。
（7）考虑……可以吗?
～と考えてよろしいでしょうか。
（8）关于……，……产生了（一般指费用之类）。
～に関して、～が発生しております。
（9）关于以下的邮件内容我还有一点（几点）需要确认。
下記メール内容について、一つ（いくつか）の質問をご確認したいです。

（10）请知悉。

ご承知ください。

（11）不好意思，下面的……是……？

すみません、下記～は～ですか。

（12）谢谢您的邮件，今后还请多多关照。（用于邮件的初次打招呼）

メールありがとうございます。

今後ともお世話になりますが、宜しくお願い致します。

（13）向送礼的人表示感谢。

結構なおプレゼントをいただき、誠にありがとうございます。

（14）表示回信晚了时的抱歉心情。

返信遅くなり、申し訳ございません。

（15）表示问候，对发送的内容进行确认。

お世話になっております。

～を送っております。ご確認ください。

何か問題があれば、早めに連絡してください。

（16）因为临近量产，请尽快确认、联系。

量産日付が近づいて、取り急ぎ確認してください。

また～も早めにご連絡お願いいたします。

上記内容の結果、連絡をお待ちしております。

（17）感谢提供下面的信息。

下記の情報ありがとうございます。

（18）表示烦请告知运单号。

お手数ですが、トラッキング番号をお知らせください。

（19）表示追加，补充内容。

補足しておきます。

（20）请再次确认。

まとめて再確認お願いいたします。

もう一度ご確認お願いします。

（21）麻烦对应。

お手数ながら、対応お願い致します。

（ながら：表既定的逆接。明知道麻烦却还是得要您对应之意）

商务电子邮件样板

件名：「○○○」のお見積書を送付いたします

株式会社コルタ
営業部　係長　芋洗坂様

　株式会社凸凹の田中でございます。
　平素は格別のお引き立てにあずかり、厚くお礼申し上げます。また、この度は弊社製品の見積りのご依頼をいただき、誠にありがとうございます。
　さっそく「○○○」に関する見積書を送付させていただきます。
（添付ファイル：KC－300見積り）
　○○○は現在数十社の企業様にお使いいただいており、その品質には満足していただいております。
　ぜひ御社にてもご用命いただければと存じます。
　見積書をご覧いただき、ご不明な点などがございましたら、何なりとお問い合わせください。
　どうぞよろしくお願いいたします。


```
┌──────────凸凹 Corporation*──────────┐
        田中　こるた
    〒000-0000　新宿区丸々町11　かどのビル11F
                example@colta.jp
└──────────http://colta.jp/──────────┘
```


誤記のお詫び：ABCD 商事田中

ABCD 商事
　営業部　高橋様

　いつも大変お世話になっております。
　コルタの佐藤です。
　大変申し訳ございません。
　先程、高橋様のお名前に敬称を付けないメールをお送りしてしまいました。
　誤りとは言え、御不快な内容をお送りしました事、深くお詫び申し上げます。

あらためてメールを送らせていただきますので、何卒ご容赦いただきますようお願い申し上げます。

この度は本当に申し訳ございませんでした。

今後ともよろしくお願いいたします。

```
||(株)||          Colta 編集部　　編集局
||コ ||          佐藤　こる太郎（coltarosato）
||ル ||               TEL：000-000-0000
||タ ||            MOBILE：111-111-1111
```

「プレミアヨーグルト」打ち合わせのお礼

〇〇株式会社 営業部　近田 博之様

いつも大変お世話になっております。

株式会社山田商事営業部の山田太郎です。本日はお忙しいところ、お時間を割いていただき、ありがとうございました。弊社の新商品「プレミアヨーグルト」について、近田様をはじめ、皆様から数々の有益なご提言をいただきました。まことに厚くお礼を申し上げます。

これから御社のご要望に応じて共同販促プロジェクトを推進いたします。次回の打ち合わせでは、販促グッズに関してさらに詰めていきたいと考えています。今後ともどうぞよろしくお願い申し上げます。

メール確認いたしました

〇〇株式会社

営業部　〇〇様

いつも大変お世話になっております。

株式会社〇〇の佐藤です。

先ほどは〇〇の件の資料をお送りいただき、ありがとうございました。

詳細確認の上、遅くとも明日までにはお返事させていただきます。

取り急ぎ、まずはご連絡まで。

本日はご対応ありがとうございました

○○株式会社

営業部　○○様

　いつも大変お世話になっております。

　株式会社○○・営業部の佐藤です。

　本日は大変お忙しい中、お時間を割いていただき、誠にありがとうございました。

　弊社の新製品○○について、○○様をはじめ、皆様にご好評頂けたことに厚くお礼申し上げます。

　今後、改めて御社のご要望に十分添った形で、製品精度を高めていく所存でございます。

　ご不明な点がございましたら、何なりと私、佐藤までお申し付けください。

　今後ともどうぞよろしくお願い致します。

附录　日本经营之神

阿米巴经营模式和稻盛和夫

人物简介

稻盛和夫(1932—),出生于日本鹿儿岛县。1955年毕业于鹿儿岛大学工学部应用化学专业。他一人创建了两家世界500强企业——京都陶瓷株式会社(京瓷 Kyocera)和日本第二电信株式会社(KDDI)[①]。其中京瓷集团旗下共189家公司,是在精密陶瓷零部件、电子元件、半导体零部件、光学器材、通信终端设备、数码信息处理设备、环保能源设备、机械工具、珠宝应用产品、服务及网络等领域屈指可数的综合性跨国高新技术企业;第二电信株式会社是日本第二大电话公司,也是日本第一家从事电话服务的民营企业。

稻盛和夫被誉为日本"经营之圣、人生之师"。阿米巴经营模式是稻盛和夫独创的经营模式,正是阿米巴经营模式让稻盛和夫的这两家企业茁壮成长,长盛不衰,京瓷更是创造了神话一般的业绩——50余年从不亏损,越是经济危机越是大发展。

拯救日本航空

2009年,正当他潜心佛学、安度晚年之际,日本航空公司负债1.5235万亿日元(约1 220亿元人民币)宣告破产。日本航空公司不仅是世界第三大航空公司,更是日本的"翅膀"。"必须拯救这家公司",时任首相的鸠山由纪夫登门邀请稻盛和夫出山担任这家破产公司的董事长,几乎所有人都为稻盛和夫捏了一把汗,怕他"晚节不保"。但是,没有想到,稻盛和夫欣然应允。2010年2月1日稻盛和夫在他78岁的时候出任破产重建的前世界500强日本航空公司(JAL)的董事长,到2011年3月底共424天。一年的时间创造了日航历史上空前的1 884亿日元的利润。2012年9月,日本航空公司在东京证券交易所再次上市,宣告:我回来了!

[①]　1959年,稻盛和夫在几位朋友的帮助下成立了京瓷公司,在1984年成立了第二电信公司(KDDI)。这两家公司至今为止一直保持着快速的发展和持续的高利润。

是什么让日本航空在短短的时间里凤凰涅槃获得重生？

事实上，稻盛和夫用他的经营哲学和人生观，对日航进行改革，尤其是对"官僚体制"进行了彻底的改革。他首先对企业的经营服务意识进行了改革。制定了40个项目的服务内容，让员工和他拥有共同的价值观，拥有共同的经营理念，做到"物心两面"一致，形成了日本航空公司新的企业理念。同时，他还对公司内部经营体制实施了改革，实行了航线单独核算制度，并确定了各航线的经营责任人。"统计工作实施速报制，各个部门的数据做到即有即报，公司详尽的经营报告做到了一个月内完成，以便让经营班子随时掌握公司的经营实况。"

这种航线单独核算制度就是稻盛和夫阿米巴经营模式的应用。

经营哲学

阿米巴经营模式与京瓷会计学，被称为稻盛经营哲学的两大支柱。

阿米巴经营模式就是将整个公司分割成许多个被称为阿米巴的小型组织，每个小型组织都作为一个独立的利润中心，按照小企业、小商店的方式进行独立经营。所有的人力成本、费用开支都必须要核算到各个经营体内部。但是即使在经营体模式下，仍然存在共性平台费用的问题。那么这里的关键就是平台费用的比例问题，在规模较小的时候一定是轻平台和厚经营体，在规模逐渐壮大的时候才是平台管理逐步增加。

所以，阿米巴经营模式严格意义上来说是一套系统完善的经营成本控制管理模式，整个经营模式始终以"销售最大化，经费最小化"的经营原则为出发点。生产部与采购部是两个独立核算、自负盈亏的小阿米巴组织，每个阿米巴都是一个小企业，都有一张经营会计报表，都有销售额、成本及利润；在保证产品质量的前提下，生产部通过改进产品设计、结构，改进工艺，利用科学技术研制来降低材料消耗，力争做到低投入、高产出的产品；再通过内部市场化交易的手段，让采购部与生产部、营销部进行内部交易，成功将市场压力传递到企业内部，同时也能通过成本数据、销售额数据时刻把握企业经营与行业市场现状，作为数据依据对组织和个人进行公平的绩效考核。系统化地将成本控制与企业经营高效结合，现场成本控制管理流程科学，数据精确。

经营目的

神户大学的教授三矢裕在《创造高收益的阿米巴模式》中总结，阿米巴经营有五大目的：

（1）实现全员参与的经营；

（2）以核算作为衡量员工贡献的重要指标，培养员工的目标意识；

（3）实行高度透明的经营；

（4）自上而下和自下而上的整合；

（5）培养领导人。

阿米巴经营模式是将领导力培养、现场管理和企业文化这三大企业管理的难题集中在一起，予以解决的经营模式。

不过，阿米巴经营模式是站在涩泽荣一、松下幸之助等巨人的肩膀上才成功的。

日本企业之父——涩泽荣一

人物简介

涩泽荣一(1840—1931年)是日本明治和大正时期的大实业家,被称为"日本企业之父""日本企业创办之王""儒家资本主义代表"。他一生参与创办的企业组织超过500家,例如:第一国立银行、东京证券交易所等,这些企业遍布银行、保险、矿山、铁路、机械、印刷、纺织、酿酒、化工等日本当时最重要的产业部门,其中许多至今仍在东京证券交易所上市。

涩泽荣一出身于小企业主家庭,父亲放弃成为武士转而经营手工业,教给儿子儒教伦理观念和商业常识。涩泽荣一一度成为德川庆喜的家臣,后又进入明治政府大藏省任职。积极参与货币和税收改革,1873年因政见不合辞职。他热衷于西方经济制度的引进和企业形态的创新,创办了日本第一家近代银行和股份制企业(第一国立银行),率先发起和创立近代经济团体组织。10年后创办大阪纺织公司,确立他在日本实业界的霸主地位,此后,他的资本渗入铁路、轮船、渔业、印刷、钢铁、煤气、电气、炼油和采矿等重要经济部门,堪称日本近代的"实业之父"。在实业思想上,他把来自中国的儒家精神与效仿欧美的经济伦理合为一体,奠定了日本经营思想的基础。涩泽和他的部下福地源一郎,在1871年撰写了一份《立会略则》,后来又著述《论语与算盘》。

《立会略则》一书内容朴实易懂,明确了股份制企业的基本宗旨和原则,确立了设立股份制企业的具体方法。该书规定,公司制企业为众人所共同创办,故集资结社应以国家公益为重,但公司和政府二者应各行其是,界线分明。在一般情况下,政府不干涉公司企业的经营,从而明确了股份制企业的民营性质和自主权。尤其强调"财产私有权归个人所有,乃是天下通行的公理,他人不得侵犯","国家之富强,在于工商业的发展"等信条。

经营哲学

涩泽荣一将《论语》作为第一经营哲学,他的著作《论语与算盘》总结了他自己的成功经验就是:既讲精打细算赚钱之术,也讲儒家的忠恕之道。涩泽荣一认为,传统观念总把"义"与"利"对立起来,这从中国古代到西方古代都有种种说法,如中国儒生有"为富不仁"之说,古希腊的亚里士多德也有"所有的商业皆是罪恶"的论述。这些观念的形成当然是与一些不法商人的种种不当牟利有关,以至形成"无商不奸"的看法。但是,当把这种观念绝对化之后,对国家和社会的发展却产生了极大的害处。因此,他认为自己的工作就是要通过《论语》来提高商人的道德,使商人明晓"取之有道"的道理;同时又要让其他人知道"求利"其实并不违背"至圣先师"的古训,尽可以放手追求"阳光下的利益",而不必以为与道德有亏。他说:"算盘要靠《论语》来拨动;同时《论语》也要靠算盘才能从事真正的致富活动。因此,可以说《论语》

与算盘的关系是远在天边,近在咫尺。"他认为:"缩小《论语》与算盘间的距离,是今天最紧要的任务。"因为不追求物质的进步和利益,人民、国家和社会都不会富庶,这无疑是种灾难;而致富的根源就是要依据"仁义道德"和"正确的道理",这样也才能确保其富持续下去。为此,他提出了"士魂商才"的概念。也就是说,一个人既要有"士"的操守、道德和理想,又要有"商"的才干与务实。"如果偏于士魂而没有商才,经济上也就会招致自灭。因此,有士魂,还须有商才。"但"只有《论语》才是培养士魂的根基",因为"所谓商才,本来也是要以道德为根基的。离开道德的商才,即不道德、欺瞒、浮华、轻佻的商才,所谓小聪明,绝不是真正的商才"。

他还主张:全体国民都希望富有,但人有贤与不肖之别,有能与不能之差,谁都不应期待与某某一样富有,而且,财富的平均分配也只能是一种空想。

日本经营之神——松下幸之助

人物简介

松下幸之助(1894—1989年)是日本的经营之神,日本经营四圣之一,美国《财富》杂志称誉他是20世纪最伟大的企业家,1994年松下集团的年营业额为美国微软、麦当劳与福特三大集团年营业额总和的一倍以上。

松下幸之助出生于一个中产阶级家庭,是八个孩子中最小的一个。由于父亲从事商品投机交易赔了钱,家产空空,家道中落。九岁的幸之助被送到一家自行车商店当学徒。他最后辗转到大阪电灯公司打工。这是一家公用电力公司,在这家公司,他被提升为检查员,这是一个受人尊敬的职位。但是他后来辞职了,原因是老板不愿采纳他提出的生产一种新型电灯插座的建议。他甘愿冒险的精神(这种素质贯穿了他的一生)指引着他:他决定自己生产这种产品。

1917年,在四个助手帮助下,松下幸之助用100日元的积蓄开始了他的创业史。松下"工厂"建在他租来的两间房子的家中。可供工作和居住的总面积相当于130平方英尺。他们既没有收入,资金又很有限,因此他们急于生产出这种新型插座。插座中的绝缘技术成了他们的主要难题。为了弥补技术知识的贫乏,他们延长工作时间,一星期工作七天。最后,一位过去同他们在大阪电灯公司一起工作过的同事帮助了他们,这位同事知道如何使产品绝缘,并给他们讲解如何去做。1917年10月中旬,也就是工作了四个月以后,他们成功地制造出新产品的几个样品。

但是批发商对这种产品的态度却是十分冷淡。只有一个批发商很喜欢这些具有冒险精神的年轻人,这个批发商建议松下将电灯插头项目放一放,为一家名为北川的公司生产1 000个绝缘板。松下毫不犹豫地答应了。批发商告诉他,如果他交货迅速,他很可能还会接到4 000个或5 000个底座的订单。幸之助和妻子每天工作18个小时,一个星期工作七天,因此

他们在12月底之前交完了货。他们拿到了160日元的报酬,材料和模具的费用占了一半,因此收益情况很不错。1月初,松下幸之助被告知说,川北公司的经理们喜欢这种产品,他们喜欢产品的质量,喜欢这种交货速度。结果,松下得到了第二批订单,这次是生产2 000个绝缘板。注重质量和顾客的满意程度,使得这个拼命奋斗的公司站稳了脚跟。

经营哲学

为了将"《论语》与算盘"合二为一促进企业发展,松下幸之助创立了系统的经营哲学来指导经营实践,其中以"自来水哲学、水坝式经营法和玻璃式经营法"三项最为突出。

1. 自来水哲学

"自来水经营哲学"是松下电器公司最基本的经营理念,相当于宪法中的总纲。这是松下根据自己的人生体验,受到自来水的启发而总结出来的。他的经营信念即在于此:"如果一切东西都像自来水一样,能够随便取用的话,社会上的情形就将完全改变了。我的任务就是制造像自来水一样多的电气产品,这是我的生产使命。尽管实际上不容易办得到,但我仍要尽力使物品的价格降低到最便宜的水准。"

从1917年开始创业,到1931年底,松下电器已经不再是小作坊,它能够制造四大类两百多种不同的产品:电源固定装置、收音机、电灯、干电池、电热装置(例如电熨斗)等,这样的成绩在日本经济大萧条时期尤为突出。1932年5月5日,在松下电器公司的创业纪念日上,松下向全体员工表明了自己的这种信念,并把它确定为公司的经营哲学,要求全体员工遵照执行。松下电器一直注重市场为导向和实用主义的策略。适时介入大众需求强烈的市场。通过短、平、快的开发模式,大量生产低成本、高品质、较低价格的产品,由此赢得巨大的市场份额;同时,进一步降低成本、降低价格,继而逐渐达到提供的产品像自来水一样便宜的境界。

2. 水坝式经营

1965年2月,松下幸之助在关西商界讨论会上提出了"水坝式经营"这一概念。

水坝的目的是拦阻和储存河川的水,随着季节或气候的变化,经常保持必要的用水量。企业也需要有这种调节和运用的机制,即使外在形势有所变化,也能维持稳定的成长与发展。在企业中,不论设备、资金、人员、库存、技术、企划或新产品的开发等各方面都必须有水坝,并发挥其功能。换句话说,在经营上各方面都要保留宽裕的运用弹性。

"水坝式经营"的实质,是避免经营过程中的周期性震荡。减少不确定性对企业的冲击。也就是把经营中的刚性变为弹性,预留出适应环境变化的余地。

3. 玻璃式经营

"玻璃式经营"的要旨是公开和透明。这种公开和透明,建立在对员工信任的基础之上。所有的经营状况,都像玻璃一般清澈可见,不加掩饰。其实质是雇主与员工坦诚相待,互相信任。增长的欲望和劲头,不是来自上层的压力,而是来自下层的自觉。这种做法能够有效激励士气,保证上下一心,深切检讨经营得失并化解冲突,还能够培养出高度自主的中层经理和工作骨干。

松下幸之助还发明了一系列对日企产生长远影响的经营手法,如事业部制(即 SBU 量化分权)、终身雇佣制、年功序列制等。其中松下对事业部制的探索可以看作是《论语》与算盘能否实现全面对接的关键环节。

1927年,松下公司在日本率先尝试建立事业部制。松下幸之助表示:"当企业规模尚小时,只需我一个人进行管理就够了,但是,当企业逐步发展起来时,自己常常是忙于应对,力不从心,因此,必须选择另外的人来分担我的工作,而我委派的那个人就是事业部的最高负责人。"这是松下电器公司事业部的开端。其目的是通过事业部的设立,形成一种经营责任,也便于对工作业绩进行考核。事业部之间一定要独立核算,不能将某一个事业部盈利转到另外的事业部中去。总而言之,事业部是真正考验企业家水平的地方,是出人才的地方。

松下幸之助作为一个普通人、一位企业界人士和一位领袖,一生中最大的、也是唯一的主题就是发展。他年轻时没有受过高等教育,既不富有,也没有魅力,更没有广泛的交际。然而,他就是从这种低微的地位开始,发展,再发展。当他是一个20岁出头的年轻人时,他常常局促不安,身体也不好;但是到30岁的时候,他创造了50年后世界上的许多大公司仍在采用的企业经营方法;40岁时,他成了一位有远见卓识的领袖、松下电器公司的创始人。松下电器公司的收入最终超过了伯利恒钢铁公司、高露洁公司、吉列公司、固特立公司、家乐氏公司、好利获得公司、斯科特纸业公司以及惠尔浦公司销售额的总和。

本田宗一郎

人物简介

美国机械工程师学会设有一种荷利奖,专门用于奖励那些在机械工程领域做出了杰出贡献的人。迄今为止,该奖项一共颁发过两次——1936年奖励了有"汽车大王"之美称的美国人亨利·福特;1980年奖励了日本人本田宗一郎。据此,人称本田宗一郎为"日本的福特"。

本田宗一郎一生拥有470种发明和150多项专利权,获得的荣誉很多,其中主要的有:

1978年,荣获意大利总理产业奖;

1979年,荣获比利时颁发的王冠勋章;

1980年,荣获瑞典颁发的北极星勋章;

1981年,荣获日本颁发的一等瑞宝勋章;

1984年,荣获法国颁发的勋章;

1991年,荣获美国汽车工业协会颁发的特别奖,等等。

本田宗一郎(1906—1991年)出生于日本静冈县的一个穷苦家庭,他自幼便对机械表现出了一种特殊的偏好。高小毕业后,16岁的他不顾父亲坚决反对,毅然来到东京一家汽车修理厂当学徒。6年学徒生涯结束后,他回到家乡,在滨松市开设了一家汽车修理厂——"技术商会滨松支店"。由于他技艺高超,待人诚恳,生意非常兴隆。然而,目光远大的他在修车生意十分兴旺的时刻毅然关闭了自己的修理厂,因为他觉得修理汽车不会有太大出息,自己应该从事更富创造性的制造业。

　　1934年，本田宗一郎创建了"东海精机公司"，虽然初出茅庐，但在他的惨淡经营下，公司总算生存了下来。"二战"以后，日本作为战败国，经济上同样受到了毁灭性的打击，本田公司处境艰难，加之在此以前丰田公司已持"东海"较多股份，个性较强的宗一郎不甘受制于人，于是，他在1945年将自己拥有的股份以45万日元价格转让给丰田，自己彻底撤出了"东海精机公司"。

　　1946年10月，本田宗一郎在滨松设立了"本田技术研究所"，主要生产纺织机械，这是他人生旅途中的一个重大转折点。当时，战争刚刚结束，各种物品十分匮乏，城镇居民只能依靠明显不够的定量粮食生活，许多家庭不得不到黑市甚至农村支购高价粮食。由于交通不够发达，频繁流动的人口使汽车、火车等各种交通工具均超员运行，而日本崎岖不平的山路又使骑自行车收粮十分费力。本田宗一郎看到这一点后，马上想到了陆军在战争期间留下的许多无线电通讯机，它们不正是可以安装到自行车上去的动力机吗？于是，他以低价购到一批通讯机，拆下上面的小汽油机，并用水壶作油箱，改制成一架小汽油机后安装到自行车上，做成一种新型的"机器脚踏车"。由于产品适销对路，马上成为抢手货。1947年，当旧通讯机用尽以后，本田宗一郎又亲自动手研制了50毫升双缸"A型自行车马达"，这就是最早的"本田摩托发动机"也是本田A型摩托批量生产的开始。他的成功引起了人们的注意，许多人都在仿制本田式的"机器脚踏车"。为在摩托车领域站稳脚跟，本田宗一郎决定生产真正意义上的摩托车。1948年9月，他正式组建了"本田技术研究工业总公司"并自任社长，从此揭开了本田大发展的序幕。

　　经营摩托车获得成功以后，本田于1962年开始涉足汽车生产。他们利用在摩托车开发、经营中获得的丰富经验及大量资金，不顾一切地投入汽车开发，结果获得极大成功。

　　本田宗一郎充分利用有效机会宣传企业和产品，积极参加各种类型的车辆竞赛活动。1961年，他在英国举行的比赛中击败长期居于垄断地位的英国摩托以及在以后的比赛中经常获胜，从而确定了在国际摩托车市场的地位。后来，他又通过在标志着世界汽车最高水平的一级方程式汽车大赛中获胜的方式，奠定了自己在这一领域的地位。

　　1991年8月5日，为世界汽车业留下了光辉一笔的本田宗一郎去世了。但他"三个喜悦"（购买的喜悦、销售的喜悦、制造的喜悦）的企业口号和"三个尊重"（尊重理论、尊重创造、尊重时间）的经营经验还会继续发挥其应有的作用。

经营哲学

　　本田宗一郎在经营中一直遵循着以下一些原则和规定，这些原则和规定已经渗透到企业的每个角落，成为人们所说的本田管理模式。

　　（1）充分尊重个人，公平合理授权

　　（2）一人一事，自由竞争

　　（3）顾客满意第一的原则

　　（4）造就独创型人才

　　要造出风格独特的产品，企业职工就必须具备独创性的头脑。横向型组织、项目攻关制度只是一种保证，归根到底，关键还取决于人。企业中能拥有多少独创性人才是本田创业以来一直给自己设置的课题。为此，本田采取了下列一些措施。

（1）引进合理化建议制度。对于优秀的建议,本田给予奖励。

（2）建立"新设想工作室"。本田在其国内各工厂设有名为"新设想工作室"的实验工作室,室内备有机械设备。职工一旦产生好主意就可以到实验室中把设想具体化,当然原则上是利用业余时间。

（3）举办违反常规作品的展览会。展览会的宗旨是提出自由奔放的设想并给予实施的"头脑运动会",是彻底的群众文娱活动。这与本田"不论工作、娱乐,只要心情舒畅就干到底"的素质相吻合,在大会上能看到许多异想天开的作品。

（4）技术面前人人平等。在本田,技术面前人人平等,没有上下级的区分,经常发生被称为"下克上"的事情。

盛田昭夫

人物简介

盛田昭夫(1921—1999年)是日本战后帮助国家从废墟中重新站起来的重要企业家之一。手提式半导体收音机、家庭录放机以及随身听都是在他的手中诞生的。他不但是位企业家,同时也是一位充满活力的经理人。他极力宣扬日式的管理风格,但他同时也是日本早期少数去美国学习西方管理精神的企业家,东西方管理文化的精华在他的手中发扬光大。

1982年盛田昭夫获得英国皇家艺术学会授予的阿尔伯特奖章,是第一个获得此项荣誉的日本人。

1991年日本天皇颁给他一等瑞宝章①。

1998年,盛田先生被美国《时代周刊》评选为20世纪20位最有影响的商业人士之一,是其中唯一的亚洲人。

盛田昭夫在二次世界大战中曾经担任海军技术中尉,在那里他与井深大相识。1945年,"二战"结束之后,井深大在一片废墟中的东京日本桥地区的百货公司仓库成立了东京通信研究所(SONY的前身)。盛田昭夫在井深大的邀请之下加入共同经营,公司获得盛田酒业19万日元的资金,于1946年正式成立东京通信工业株式会社。

创业之初惨淡经营的盛田昭夫确实拥有非凡的市场洞察力。他的公司一起步就提出了"品牌效应"和"品牌责任"两大全新的概念。这两种概念的核心就是:一提起品牌的名称就想到高质量的产品。这两大概念现在被日本公司广为使用,但在当时却是特别超前的,因为当时日本绝大多数的公司都是挂靠别人的招牌来生产产品的,比如说,潘太克斯是给美国的霍

---

① 日本于1888年开始制定的勋章。以在公共事务有功劳者、长年从事公务者、功绩受到推举者为授予对象。

尼威尔公司加工产品;理光打的是萨尔文公司的招牌;而"三洋"则是为希尔斯公司打工的。

盛田昭夫在短短的几十年内将一个小厂发展成著名的国际性大企业。在"二战"后日本经济最艰难的情况下,发挥其天赋,创造了日本的几个第一:

- 1950年,制造出了日本第一代磁带录音机和磁带;
- 1954年,利用美国元器件制造了日本第一台半导体收音机;
- 1955年,生产出了第一台全部由日本自制的半导体收音机;
- 1960年,索尼公司生产出世界第一台半导体电视机;
- 1965年,生产了第一台家庭录像机;
- 1970年,索尼公司成为日本第一家在纽约股票交易所上市的公司;
- 1972年,又成为日本第一家在美国建厂的公司;

20世纪80年代,索尼公司开始出售 Walkman 随身听微型收录机。从此,"日本制造"便成为高品质电器的代名词。

经营哲学

盛田昭夫在20世纪60年代创作的《学历无用论》在当时引起极大的反响,成为超级畅销书,再版十多次。他也借此博得了"打破传统框框,不拘一格起用人才"的美誉。他早年的作品《日本制造》是日本当时最畅销的商业书。盛田昭夫还与石原慎太郎共同著作《日本人可以说"不"》。也都在日本激起强烈反响。

盛田昭夫的成功之处在他写的《日本制造》一书中表露无遗。他说,第二次世界大战结束之后,他刚开始创业的时候,只想为国家的建设和自己的家乡做点什么。但从60年代开始,他越来越接受国际性的观点,并且喜欢探讨诸如减免关税和其他贸易障碍的问题,而当时绝大多数的日本商人几十年来根本不愿意谈这些问题。

到70年代日本成为世界第二大经济强国之后,盛田昭夫已经当之无愧地成为日本商界的代表。他认为,日本人应该了解,与其他国家的分歧和争执并不是要伤害日本人自己,日本人完全可以在不损害海外贸易伙伴之间友谊的情况下与外国贸易朋友争执他们间存在的分歧。

随着索尼公司的成长,他最富远见的观点,莫过于晚年提倡的"从全球考虑,从全球入手"的新观念,也就是说公司应该有一个跨越国界的共同价值观,为全球的顾客、雇员和股份持有者服务,而不应该看公司起源于哪里。他认为,公司全球化最终的目标是"无国界"。这个最高阶段的公司全球化经营的管理哲学不仅使索尼本身在全世界的业务广泛拓展,对提升日本电子工业的国际地位更是居功至伟。

卖衣服的日本首富——柳井正

人物简介

柳井正(1949—),被称为日本战后继松下幸之助、稻盛和夫的新一代"经营之神"。

柳井正出生于日本山口县宇部市中央町,日本迅销有限公司(Fast Retailing)主席兼首席执行官。该公司创建于1963年,拥有著名品牌"优衣库"(Uniqlo),是日本休闲服装领军企业。福布斯给他的估价是106亿美元,在金融危机和服装行业的颓势中,他的企业却保证了每年超过10%的增长。2012年更是蝉联日本首富。

柳井正出身于"服装世家",不少亲戚都在九州岛或山口县经营服装店,他的父亲也在1949年开了一家男装店"小郡商事",主要卖的是西装,很多客户都是希望穿得体面的银行或证券业人士。1964年,这家店由个人持有改为小郡商事股份有限公司。

1984年,他继承父亲成为小郡商事的社长。那时候,正是日本社会奢华之风盛行,柳井正却将眼光对准了普通老百姓,决定主打廉价、日常服装的销售。同年6月2日,他在广岛开设了第一家"优衣库"专卖店。"UNIQLO"是 Unique(独一无二)和 Clothing(服装)两个词的缩写,这也正是柳井正的目标——打造一个独一无二的服装王国。

1998年"1 900日元一件休闲服"的口号,使优衣库深入人心,在动辄上万日元一件的日本服装市场,优衣库刮起了一阵旋风,一年就卖出200万件。之后,柳井正将眼光放到海外,优衣库成长为一家跨国大企业。

目前,在日本,90%的人会穿优衣库的衣服,且人均6件以上。在2014年中国天猫双十一活动当天其店铺销售额高达2.6亿元,服饰类排名第一,取得的成绩令人惊叹,让中国国内服装品牌羡慕不已。

经营哲学

柳井正在日本被誉为继松下幸之助、稻盛和夫的新一代"经营之神",无论是经营理念、管理手法还是商业思想,柳井正都是值得人们探索的一座高峰。马云也曾经公开称赞柳井正是他最佩服的两位企业家之一。他于2003年出版了自传《一胜九败:优衣库风靡全球的秘密》,总结了"创业者十诫":

(1)刻苦工作,一天集中精力工作18个小时。

(2)唯一和绝对的评价者,是市场和顾客。

(3)不能没有长远观念、计划、梦想和理想。

(4)把握现实,坚持理想和目标。

(5)自己的未来由自己开拓,掌握自己命运的是自己,而非他人。

（6）积极适应时代和社会的变化。

（7）最应该忠实日常事务。

（8）对于事业，设立比谁都高的目标和标准。

（9）和员工结成伙伴关系，培养团队合作精神。

（10）建成不会倒闭的公司。你可以九败一胜，但不允许一蹶不振的失败。

日本最热门企业家——软银 CEO 孙正义

人物简介

有这样一个人，身材不足一米六，却被称为"电子时代大帝"；有这样一个人，或许他的名气比不上比尔·盖茨，甚至是雅虎的杨致远，但他自称，在互联网经济中拿下的份额，自己却超过了上述二人。这个人就是世界著名投资公司"软件银行"（softbank）的创始人、总裁及首席执行官。被《福布斯》杂志称为"日本最热门企业家"的互联网产业独一无二的造梦人——孙正义，一个成就了无数人互联网梦想的人。1995年，孙正义将200万美元投给了当时名不见经传只有5个人的 Yahoo 公司；同样也是1995年，孙正义第一次投资了中国的网络公司——UT 斯达康，只谈了30分钟，就决定投资3 000万美金；2002年，孙正义和马云第一次见面，"经典的6分钟"后，居然对阿里巴巴"一见钟情"，一举投资2 000万美元。新浪、网易、上海盛大、携程旅游网携程旅游网、当当网上书店、淘宝网上购物、分众传媒、博客中国、深圳铭万……中国国内众多著名的 IT 企业都留下了孙正义的身影并打上了其软银公司的烙印。以至于很多人都在问：孙正义到底是中国人还是日本人？

而事实上，孙正义（1957—），出生于日本佐贺县鸟栖市。祖籍福建莆田，孙家祖先从中国福建莆田经多次迁徙迁往韩国，至孙正义祖父一代，孙家才由韩国的大邱迁至日本九州，孙正义是第三代韩裔日本人，孙正义在日本定居已有三代。

孙正义于1978年毕业于美国加州大学伯克利分校。1981年创建软银集团，短短33年成了一个信息技术帝国。美国《商业周刊》杂志把孙正义称为电子时代大帝（Cyber Mogul）。2014年9月16日，随着阿里巴巴登陆美股市场，孙正义的财富净值涨至166亿美元，跻身日本首富。

成长经历

回顾孙正义的成长历程，他并非一帆风顺，但是绝对精彩无比。

1973年，孙正义16岁时，越级进入加州柏克莱大学伯克利分校就读，主修经济。

1975年，孙正义18岁，他在校园内贩卖从日本引进的一种电子游戏，获利100万，获得人生第一桶金。

1976年,孙正义19岁,靠卖袖珍发声翻译器的专利给夏普公司,赚得他人生的第二个100万美元。

1981年,24岁的孙正义成立软件银行,在成立软件银行(批发商)的半年之内,与日本42家专卖店和94家的软件从业者交易来往,并说服东芝和富士通投资,扩大规模,但因经营不善亏本,一年后他退回财团原有投资资金。由于孙正义一肩担起了损失的责任,赢得了前辈们的佩服,也为孙正义奠定了事业的信用基础。

1982年,他在展会上看到 HP 的《个人电脑图书馆》,于是同日本最大的出版商联系出版。因为《个人电脑图书馆》的出版,软银声名鹊起。同年,业务蒸蒸日上的日本软件银行遇到了意想不到的难题。《I/O》《ASCII》《微软》拒绝为软银刊登广告。1982年5月,孙正义创办两本杂志《Oh!PC》和《Oh!MZ》。两个月后,退货率高达85%,堆积如山的杂志被裁成了纸片。

1991年,以 C 语言编译器闻名的 Borland 公司,准备在日本发行升级版,当时的 Borland 公司执行长 Philippe Kahn 很快就和软件银行达成共识。同年,他说服美国区域网路专业公司网威 ell 开创东瀛新市场,为了分散风险,再度邀约迪士尼入伙,到了1994年,开花结果,网威系统成为区域网路主要标准之一,年营业额达一亿三千万美元。网威副总裁 Darl McBride 认为孙正义是个可以使任何事成真的中介人。

1992年,孙正义得到思科系统的日本代理权,并建议思科公司以路由器为试水,测试思科日本分公司的可行性,一个月后邀集了日本十四家公司,共同出资四千万美元,启动项目。同年日本软件销售通路70%由软件银行控制。

1994年,孙正义在他37岁时成为10亿美元富豪,公司成为上市公司,同年收购 Ziff 通讯,因接手设施不完善未能成功,当时的软件银行在日本已拥有日本展览业界最具规模的 Expos 协会,也持有朝日电视的少数股份。

1995年,孙正义以21亿美元买下 Ziff-Davis 部分股权;同年11月,投入了200万美元给雅虎。

1996年,孙正义又注资1亿美元拥有了雅虎33%的股份,日本雅虎成功进军东瀛,第一年就获利,85%日本的网友曾造访此站,由软银投资的雅虎电子商务的用户以惊人的速度增长。

1998年2月,软银以四亿一千万美元脱手雅虎2%的股票,净赚三亿九千万美元。

1999年,美国证券商协会同意和软银合资共组"日本纳斯达克股市"。同年10月,投入阿里巴巴2 000万美元,之后为帮助阿里巴巴收购雅虎中国,主动退股,套现3.5亿美元。

2000年,软银拥有遍及美国、欧洲重要的合资或独资企业为:美国企业300多家,日本企业300多家,其资产共计400亿美金,跻身日本前十大公司,孙正义终于成为真正的"全球作手"①。

2001年,日本雅虎公司开始了 BroadBand 业务,孙正义要开发像 NTT 公司那样的公共通信设施的梦想实现了。同年9月,宽带正式开通商用服务。

美林证券分析员估计,孙正义掌握了日本70%的互联网经济。《福布斯》杂志称他为"日本最热门企业家",《商业周刊》连续两年将他评选为全球最有影响的电子商务投资者之首。

---

① 作手:特指在金融市场中,受过良好教育的,但勇于冒险的,思路清晰,用自己的思想和智慧去了解市场的变化,并从中发现交易机会,参与交易,以获得盈利的交易者。

《美国新闻》和《世界报道》还将他命名为"日本最有声誉的数字时代企业家"。

经营理念

孙正义先生的经验理念和企业运作的魄力非常人所有。在1995年,他看准了网络产业,决定在此方面做巨大的投资。当时,他选中了雅虎公司,给雅虎公司第1笔投资就是200万美元。不久,他和雅虎公司的创办人杨致远一起吃饭,表示要再投资给雅虎,要再投1亿多美元,换取雅虎公司33%的股份。杨致远先生听了孙先生的提议,认为孙正义先生是疯了,连他自己都不知道雅虎公司的未来如何,怎么敢给一个刚刚起步的新公司这么多钱。可是孙先生在1996年3月真的投给雅虎公司1亿多美元,以后又陆续投入许多资金,一共是3亿5 500万美元。雅虎公司有了资金,如虎添翼,一下成为世界头号网络公司。

1999年,在一次集结了当时互联网大腕(王志东、张朝阳、丁磊等)的项目评价会上,孙正义一眼就看上了当时略见起色的马云的阿里巴巴公司,对于马云所提出的互联网将由"网友"时代向"网商"时代跨越的想法感觉很有潜力,当即表示了他强烈的投资意向,虽然马云当时出乎意料地没有接受,不过孙正义没有放弃。

从那之后的20多天之后,孙正义重新和马云洽谈了投资的事情,马云在深思熟虑6分钟后答应了孙正义的3 000万投资,占阿里巴巴30%股份的计划(后来出于权衡公司用度和发展,马云最后又改成了2 000万的融资计划),这"6分钟敲定2 000万"的故事也在后来传为佳话。

孙正义先生最过人之处,是他的思维理念。他能从眼前的生意中,看到未来的生意方向和发展前景。他看未来不是10年、20年,而是一看就是上100年。他制定了一个300年企业计划。如此眼光,真是无人可比。孙先生的这个300年计划,将使软银集团公司的网络产业帝国更加强大,更具有实力。

参考文献

[1] 莫微，豆豆，编著. 日企新鲜人职场宝典（附书）[M]. 广州：广东省语言音像出版社，2006.

[2] （美）埃德温·赖肖恩. 日本人[M]. 上海：上海译文出版社，1980.

[3] （美）R·本尼迪克特. 菊与刀[M]. 吕万和，熊达云，王智新，译. 北京：商务印书馆，2001.

[4] 西出博子，监修. お仕事のマナーとコツ[M]. 东京：学习研究社，2007.

[5] （日）白泽节子. 仕事のルールとマナー[M]. 东京：日本实业出版社，2007.

[6] （日）土居健郎. 甘えの構造[M]. 东京：弘文堂，1971.

[7] （日）中根千枝. 日本社会[M]. 许真，宋峻岭，译. 天津：天津人民出版社，1982.

[8] 社员教育研究会. これが正しいマナーです[M]. 东京：中经出版社，2004.